© ELEFANTEN PRESS Verlag GmbH, Berlin 1993

Umschlag und Gestaltung: Barbara Globig
Abbildungen: Bärenquell Brauerei (2); Bayerische Staatsbrauerei
Weihenstephan (7); Bürgerbräu Brauerei (3); Chr. Links Verlag (1);
Edition Fischerinsel / H. Thoms (28); Engelhardt Brauerei (1);
Kindl Brauerei (36); B. Richter (6); Schultheiss Brauerei (3);
Archiv der Autorin (27)
Satz: Eigensatz
Belichtung: MSP Satz + Grafik GmbH, Berlin
Druck: Druckhaus am Treptower Park GmbH, Berlin
Weiterverarbeitung: Buchbinderei am Treptower Park GmbH, Berlin
Redaktionsschluß: 10. 9. 1993

Printed in Germany
EP 460
ISBN 3-88520-460-6

ELEFANTEN PRESS
Am Treptower Park 28–30
12435 Berlin

Hergestellt im Medienzentrum am Treptower Park
auf 100% chlorfreiem Papier.

Die Deutsche Bibliothek – CIP-Einheitsaufnahme

Richter, Brigitta:
Berliner Bier : der Brauerei- und Kneipenführer /
Brigitta Richter. – Berlin : Elefanten Press, 1993
   (EP ; 460)
   ISBN 3-88520-460-6
NE: GT

Brigitta Richter

Der Brauerei- und Kneipenführer

ELEFANTEN PRESS

Inhalt

Die Doktorschrift
des Reichskanzlers und
Außenministers

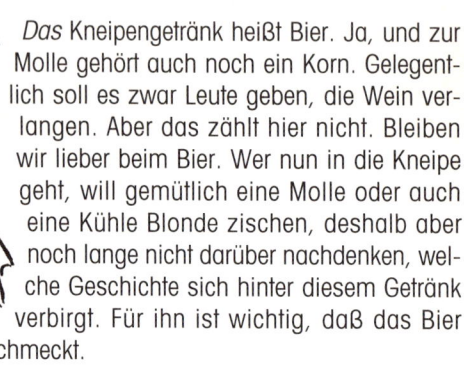

Das Kneipengetränk heißt Bier. Ja, und zur Molle gehört auch noch ein Korn. Gelegentlich soll es zwar Leute geben, die Wein verlangen. Aber das zählt hier nicht. Bleiben wir lieber beim Bier. Wer nun in die Kneipe geht, will gemütlich eine Molle oder auch eine Kühle Blonde zischen, deshalb aber noch lange nicht darüber nachdenken, welche Geschichte sich hinter diesem Getränk verbirgt. Für ihn ist wichtig, daß das Bier schmeckt.

Stimmt. Aber schaden kann es trotzdem nicht, sich ein bißchen näher mit *dem* Volksgetränk aller Deutschen zu befassen, insbesondere in Berlin.

Berlin ist nun nicht unbedingt die Hauptstadt des Bieres. Und gerechterweise muß man erwähnen, daß das Braugewerbe im klassischen Bierlande Bayern von jeher als Haupt- und Nationalgewerbe des Freistaates galt, während es in Norddeutschland erst in der zweiten Hälfte des vergangenen Jahrhunderts an Bedeutung gewann. Behaupten wir daher einfach, Berlin ist eine Bierstadt. Denn Bier wurde hier immer getrunken, in guten wie in schlechten Zeiten. Darum hat Bier in Berlin auch eine lange Geschichte, die zu erzählen dies Büchlein – zumindest in groben Zügen – versucht. Und Bier wird schließlich heute nach wie vor gern in Berlin – und nicht nur hier – getrunken.

Es findet sich so manch schriftliches Zeugnis der Berliner Biergeschichte. Wie jenes Buch beispielsweise, auf dessen erster Seite handschriftlich mit Bleistift vermerkt ist: »Völlig vergriffen. Selten!«. (Selbiges könnte man sich als Autorin auch für dieses Buch wünschen.) Das erwähnte Werk erschien 1902 in Berlin. Geschrieben hat es ein Berliner, dessen Vater Biergroßhändler war. Der Autor brachte es zu weit Höherem: Von August bis November 1923 war er Reichskanzler, später, von 1923 bis 1929, Außenminister – Gustav Stresemann. 1900 hatte der damalige Student der Philosophie zum Thema »Die Entwicklung des Berliner Flaschenbiergeschäfts. Inaugural-Dissertation zur Erlangung der Doktorwürde der Hohen Philosophischen Fakultät der Universität Leipzig« promoviert. Eine Karriere, die die heutiger Außenminister richtig lebensfremd erscheinen läßt.

Stresemann kam in seiner Dissertation immerhin zu erstaunlichen Erkenntnissen, wie etwa der, daß man aufgrund des Bierausschankes in Flaschen »nicht an das Bier des in der Nachbarschaft wohnenden Gastwirtes gebunden (ist), sondern... es dort bestellen (kann), wo es einen beliebt«. Nun, wir kennen es nicht anders – wo auch immer, die Auswahl der angebotenen Flaschenbiersorten ist groß. Der Verkauf von Flaschenbier soll übrigens von Johann Mergenhagen eingeführt worden sein, der 1870 als Braumeister in die Tivoli-Brauerei gekommen war.

Aber interessanter ist vielleicht jene Feststellung Stresemanns, daß »den Frauen oder erwachsenen Töchtern ... das Selbsteinholen des Bieres oft unbequem oder direkt peinlich (war), namentlich wenn kein Kolonialwarengeschäft in der Nähe war und das Bier infolgedessen aus einer benachbarten Gastwirtschaft oder Restauration geholt werden mußte«. Dabei haben die Frauen gerade bei der Entstehung des Bieres eine nicht zu unterschätzende Rolle gespielt. Auch wenn der Beruf des Braumeisters ein »männlicher« ist. Wer weiß schon, daß gutes Bier zu brauen früher als Frauentugend galt.

Beispielsweise verstand sich Katharina von Bora, die Frau Martin Luthers, außerordentlich gut auf das Braugeschäft. In dem Brauhaus in der Südwestecke ihres Hofes in Wittenberg produzierte sie einen Trunk, den nicht nur ihr Gatte zu schätzen wußte. Zwar klagte der große Reformator zuweilen, daß »mit dem Bräuen soviel Gerste verterbet (wird), daß man ganz Deutschland (damit) möcht erhalten, und solls also verterben, daß wir so schändlich Jauch daraus machen, welche wir danach an die Wand pissen« und daß vom Brauen nur die wenigsten etwas verstünden: gegen eine Stadt, die gutes Bier brauen könnte, kämen hundert, in denen nur Speibier fertig würde. Außerdem – der Wein wäre Gottes Gabe, das Bier aber Menschenwerk. Doch Käthes

*Brauten und tranken
keine »schändlich Jauch«:
Katharina und Martin Luther*

Bier mundete Luther stets, und wenn er mitunter zeitweise darauf verzichten mußte, fehlte es ihm sehr. So auch am 29. Juli 1534, als er aus dem kurfürstlichen Hof in Torgau schrieb: »Wie gut Wein und Bier hab' ich daheime, dazu eine schöne Frau oder – sollt' ich sagen – Herren.« Wie gern hätte er eine Flasche ihres Hausbieres bei sich gehabt, zumal er fest davon überzeugt war, daß es gegen sein Steinleiden für Linderung sorgte.

Katharinas Bier besaß neben dem Wohlgeschmack auch noch den Vorzug der Wohlfeilheit. Schließlich war das Wittenbergische Stadtbier nicht billig, sein Preis betrug bis zu drei Pfennig pro Kännlein. Da Luther seinen täglichen Bierkonsum auf vier Pfennige schätze, konnte er durch sein Hausbier sparen und mußte nicht auf seinen täglichen Schlaftrunk verzichten.

Überhaupt war Luther einem reichlichen Trunk am Abend nicht abgeneigt und machte daraus auch gar kein Hehl. »Wie er sein Herz und sein Haus vor keinem Unglücklichen verschloß, war er auch wieder fröhlich mit den Fröhlichen«, schrieb ein Biograf. »Trunksucht aber haßte er, und den Edelleuten am Hofe wusch er deshalb gehörig die weinroten Köpfe, und als das größte Laster seiner lieben Deutschen beklagte er, daß sie sich arm, krank, tot und in die Hölle soffen.« Auch von zwei anderen deutschen Geistesgrößen wird berichtet, daß sie einem Schluck guten Bieres nie abgeneigt waren. Mehr noch – sie galten sogar als außerordentlich fröhliche Zecher, sowohl in ihrer Jugend als auch im Alter: Karl Marx und Friedrich Engels.

So schien es Engels gar nicht so sehr zu verdrießen, daß er auf Drängen des Vaters das Gymnasium vorzeitig verlassen und eine kaufmännische Ausbildung in einem Handelshaus in Bremen aufnehmen mußte. Im dortigen Ratskeller war der 19jährige nicht

Handschriftliche Zeugnisse vom fröhlichen Zecher Friedrich Engels

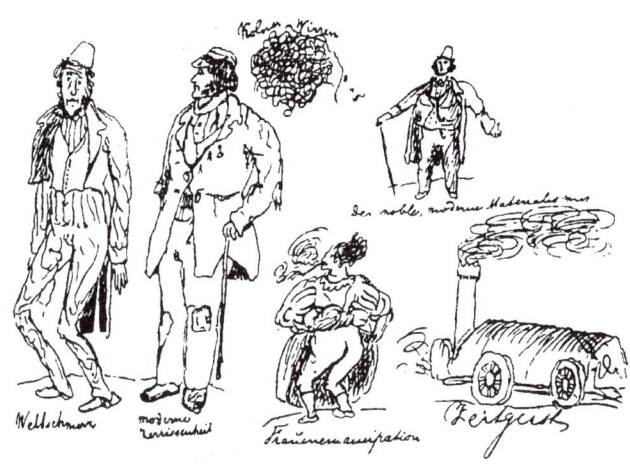

Weltschmerz   moderne Zerrissenheit   Frauenemanzipation   Zeitgeist

Wir Friedrich Engels
oberster Poet im Bremer Rathskeller und privilegirter

ZECHER

Thun kund und zu wissen allen Vergangenen, Gegenwärtigen
Abwesenden und Zukünftigen

Daß Ihr sämmtlich Esel seid, faule Kreaturen, die an dem
Überdruß der eignen Existenz dahinsiechen, mir nicht
schreibende Canaillen und so weiter

Gegeben auf unserm Comptoirbock,
zur Zeit da wir nicht den Katzenjammer hatten,

Friedrich Engels.

nur Stammgast, sondern bezeichnete sich selbst als »oberster Poet« und »privilegierter Zecher«. Und auch auf seiner Arbeitsstelle mußte er nicht darben: »Auf unsrem Comptoir haben wir jetzt ein komplettes Bierlager, unterm Tisch, hinterm Ofen, hinter dem Schrank, überall stehen Bierflaschen, und wenn der Alte Durst hat, so borgt er uns eine ab und läßt sie uns nachher wieder vollmachen. Das wird jetzt schon ganz öffentlich getrieben, die Gläser stehn den ganzen Tag auf dem Tisch und eine Flasche daneben. Rechts in der Ecke stehen die leeren, links die vollen Flaschen, daneben meine Zigarren.« Und während seiner Zeit als »Einjährig-Freiwilliger« in Berlin hospitierte Engels nicht nur an der Universität, sondern betrieb seine Studien auch in zahlreichen Kneipen.

Selbst als reife Herren pichelten Marx und Engels mitunter reichlich. »In Berlin besuchte ich auch Friedrich Köppen. Ich fand ganz den alten in ihm. Nur ist er dicker geworden und ›greulich‹. Die zweimal, die ich allein mit ihm durchkneipte, waren eine wahre Wohltat für mich«, berichtete Marx im Mai 1861 seinem Freund. »Ich habe zu Ehren dieses Ereignisses ›ein Glas über den Durst‹ getrunken, aber abends späte, nicht wie die preußischen Gendarmen vor Sonnenaufgang«, beichtete er im Juli 1869. Wilhelm Liebknecht erinnerte sich an eine nächtliche Kneiptour, auf der Marx und seine Zechkumpanen Gaslaternen mit Steinen traktierten. Engels, der manchmal im angetrunkenen Zustand einer handfesten Prügelei nicht auswich, offenbarte im Juli 1890: »Das Bier haben wir gewissenhaft bis nach dem 71. Breitengrad hinauf probiert, es ist gut, aber nicht so gut wie deutsches, und überall Flaschenbier. Nur in Drontheim gab`s einmal Zapfbier. Übrigens wird hier auch an Mäßigkeitsgesetzen gesetzgebert, und dürfte Bismarckscher Schnaps hier immer weniger Absatz finden. Ob es in den Bergen eine Bierhalle gibt, wo wir Zapfbier erhalten, werden wir wohl heute auskundschaften.« Noch im November 1892 kokettierte der 72jährige Engels gegenüber Julie Bebel: »Hoffentlich erlaubt mir meine Gesundheit aber, es im nächsten Jahr noch besser zu machen. Dann fällt mein Geburtstag auf einen Dienstag, und da können wir wieder am Sonntag anfangen, ich möchte dann aber auch gleich durchkneipen bis Dienstag abend.«

Schade, daß man von heutigen Politgrößen aus Berlin nur mit Sicherheit von Heinrich Lummer (CDU), dem ehemaligen Innensenator, weiß, daß er einem Bierchen selten abgeneigt ist und seine Fans regelmäßig zum Frühschoppen einlädt. Allein von der Kultur- und Kunstprominenz ist Harald Juhnke dank seiner regelmäßigen Trinkerfestspiele weit über die Grenzen Berlins hinaus bekannt.

Maßhalten –
Auszug aus einer Sitzung
am 21. Juni 1950

Abg. Loritz (WAV): »Bei der Diskussion über die Biersteuer wird von vielen Leuten immer wieder eines übersehen: daß es sich nämlich bei Bier und bei Bier um völlig verschiedene Nahrungsmittel handelt, *(Heiterkeit und Zurufe)* je nachdem das betreffende Bier eingebraut ist. Wir haben auf der einen Seite die Tatsache, daß normales, gewöhnliches Schankbier ein Nahrungsmittel ist, unentbehrlich für Leute, die arbeiten müssen. Wir sollten unter allen Umständen gerade für dieses Nahrungsmittel (Heiterkeit) eine vernünftige Regelung finden, und zwar so, daß, wenn möglich, nicht viel höhere als die Friedenssteuern für dieses Bier erhoben werden. *(Zuruf von der SPD: Subventionieren!)* Wir haben deshalb den Ihnen vorliegenden Antrag, der keineswegs eine Übertreibung ist... *(Zuruf von der CDU: Kommt bei Loritz gar nicht vor.)* Schauen Sie, meine Herren, das ist nur Ihr Neid gegenüber der WAV, *(Heiterkeit und Zurufe)* auf Grund der Wahlerfolge der WAV.«

Bundesfinanzminister Schäffer: »Ich erhebe insbesondere gegen den Abänderungsantrag Drucksache Nr. 1184 Bedenken, der unterschrieben ist ›Loritz und Fraktion‹. Es ist in allen Dingen, auch beim Bier, eine große deutsche Tugend, maßzuhalten. *(Heiterkeit)* Es scheint mir, daß das Maß – nicht ›die Maß‹ – *(Abg. Schöttle: Hauptsache, daß die Maß voll ist)*, daß das Maß auch bei diesem Antrag nach zwei Seiten hin nicht eingehalten wird...«

eine deutsche Tugend?
des deutschen Bundestages
zur Frage der Bierbesteuerung

Dr. Horlacher (CSU): »Meine verehrten Damen und Herren, seien wir in dieser Frage möglichst einig; denn es ist nicht bloß eine bayerische, es ist eine deutsche Frage: *(Heiterkeit)* Der Durst der Germanen war eine gesamtdeutsche Angelegenheit *(erneute Heiterkeit)*, und deswegen darf die Frage nicht einseitig behandelt werden.

Wenn es nach meinem Gefühl ginge, würde ich zu den Abänderungsanträgen sagen, daß man überhaupt keine Biersteuer erheben dürfte, sondern je nach dem Maß, das der Biertrinker vertragen kann, einen Bonus für Biertrinker gewähren sollte. *(Heiterkeit)* Das Bier steht nun aber im Mittelpunkt der Überlegungen nicht bloß bei den Brauereien und bei den Biertrinkern, sondern auch beim Fiskus.

Alle wissen, daß, als die Biersteuer noch Sache der Länder war, eine tragende Säule des bayerischen Staatshaushaltes das Aufkommen aus dem Malzaufschlag oder aus der Biersteuer war. Die Dinge müssen infolgedessen mit dem notwendigen Abmaß behandelt werden. Ich bin dem Herrn Finanzminister sehr dankbar dafür, daß er die Biersteuersenkungsvorlage eingebracht hat, übrigens eine der vernünftigsten Vorlagen, die er je eingebracht hat, *(Heiterkeit)* und ich möchte nicht, daß der gute Wille, den er da gezeigt hat, etwa verfälscht wird.

Ich bitte Sie, meine sehr verehrten Damen und Herren, unter allen Umständen zu bedenken, daß, wenn man vom Bier redet, man auch ein bißchen etwas davon verstehen muß. Das Bier ist im Süden gewiß ein Nahrungsmittel, aber es trägt auch zur Gehirnbelebung verzagter Leute bei. *(Zurufe und Heiterkeit)* Deswegen ist der Alkohol, wenn er in mäßiger Form genossen wird, ein wichtiger Bestandteil des menschlichen Lebens.«

Vom Ursprung des Bieres

Zwar ist unbekannt, wann genau es das erste bierähnliche Getränk gab. Was man dafür um so genauer weiß, ist, daß das Bier ursprünglich aus in Wasser eingeweichtem Brot, gebacken aus gemälztem Getreide, hergestellt wurde, das man der wilden Gärung überließ. Jahrhundertelang galt zudem die Biersuppe als Nahrungsmittel, und die Herstellung dieser Suppe gehörte zum Kochkunst-Einmaleins jeder Hausfrau. Denn bevor sich die Bierbrauerei zu einem Handwerk entwickelt hat, wurde beinahe in jedem Berliner Haushalt das Bier selbst gebraut.

Altbabylonische Biertrinker

Erste nachweisbare Nachrichten über das Bier stammen übrigens von den Sumerern, einem Volk, das im Lande Sumer lebte und das man später Babylon nannte. Es soll dazumal ein Herren- und ein Damenbier gegeben haben: Das Damenbier wurde aus weizenähnlichem Getreide namens Emmer hergestellt und mit Honig, Zimt und anderen Gewürzen verfeinert. Das Getränk für Männer war ein aus Gerste gebrautes herbes Bier. Je nach Standeszugehörigkeit tranken die Sumerer täglich zwei bis fünf Kannen Bier, wobei die Priester die größten Konsumenten gewesen sein sollen. Sie nämlich kassierten die Kirchensteuer in Form von Bier und ließen sich eine Beerdigung sogar mit sieben Kannen Bier honorieren. Das natürlich zum Ärgernis jener, die mit Bier bezahlen mußten. Erst das Machtwort des Königs konnte den ungehemmten Biergenuß der Priester bremsen.

Es soll sogar vorgekommen sein, daß Hungersnot herrschte, da durch die Trunksucht der Bewohner alles vorhandene Getreide zum Bierbrauen verwendet worden war.

Bierbrauen ist eine der ältesten bekannten Künste, erste Bierbrauer werden schon 7000 v.u.Z. vermutet. Alte Urkunden über die Bierbereitung aus dem alten Babylonien lehren, daß 3000 v.u.Z. bereits vier verschiedene Sorten Bier ausgeschenkt wurden. Das Große Lexikon vom Bier berichtet gar von fünf bis 20 Sorten. Jeder Bürger Babylons soll das Recht auf eine Tagesration Bier gehabt haben – je nach sozialer Stellung: Arbeiter zwei und Beamte drei. Schwere Strafen drohten denen, die Bier zu panschen versuchten. Geldbußen gab es nicht, die Strafen waren viel wirkungsvoller: Die erwischten Bierpanscher wurden mit dem verdünnten Gesöff vollgegossen, bis sie daran erstickten.

Die Germanen haben in der Geschichte die Kunde vom Bier erneut belebt, wovon auch der römische Geschichtsschreiber Tacitus zu berichten wußte: »Als Getränk diente den Germanen ein Saft aus Gerste oder Weizen, der ähnlich wie Wein vergoren ist. Die in der Nähe des Rheins wohnen, verschaffen sich auch echten Wein.

Die Kost ist einfach: wildwachsendes Obst, frisches Wildbret oder geronnene Milch. Mit Speisen ohne feine Zubereitung und Gewürzen stillen sie ihren Hunger. Dem Durst gegenüber beherrschen sie sich nicht ebenso. Gibt man ihrer Trinklust nach und verschafft man ihnen zu trinken, soviel sie haben wollen, so wird man sie ebenso leicht durch ihre Laster wie durch ihre Waffen bezwingen.«

Jahrhunderte später machte sich der Volksmund im Studentenlied seinen eigenen Reim auf Tacitus' Kunde aus seiner »Germania«:

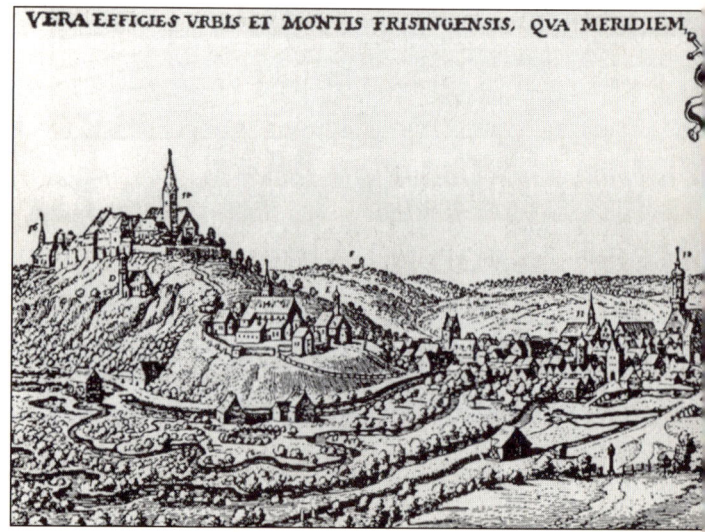

Wappen des Benediktinerklosters Weihenstephan

Das Kloster Weihenstephan und die Stadt Freising im Jahre 1642

VERA EFFIGIES VRBIS ET MONTIS FRISINGENSIS, QVA MERIDIEM.

> *Es lagen die alten Germanen zu beiden Ufern des Rheins,*
> *sie lagen auf Bärenhäuten und soffen immer noch eins,*
> *noch eins, noch zwei, noch drei, noch vier,*
> *sie soffen unendlich viel Lagen Bier.*
> *Da trat in ihre Mitte ein Jüngling römischen Bluts,*
> *Grüß Gott, ihr alten Germanen, ich bin der Tacitus,*
> *wir würfeln nicht um unsere Weiber, doch saufen*
> *tun wir auch, noch eins, noch zwei...*

Jedenfalls soll zu Zeiten der alten Germanen das als Bier bekannte Getränk obergärig, pappig, süß und leicht verderblich gewesen sein. Bier in seiner heutigen Beschaffenheit entstand erst durch Hopfen als Biergewürz und unter Verwendung von Konservierungsmitteln.

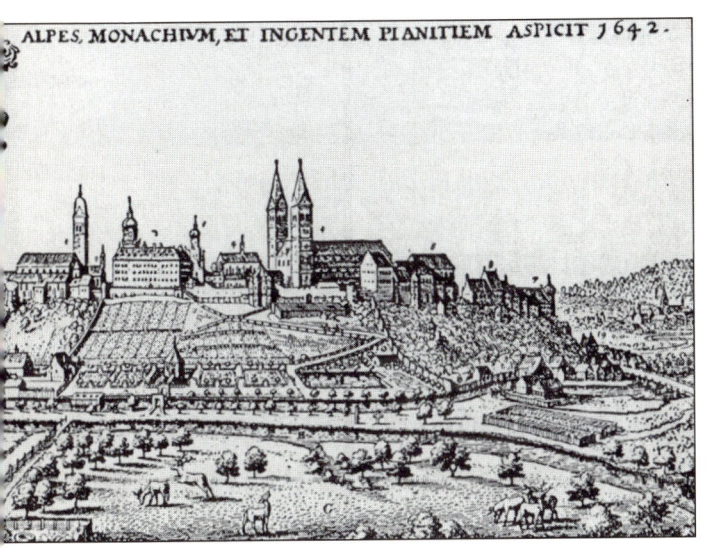

ALPES, MONACHIVM, ET INGENTEM PLANITIEM ASPICIT 1642.

In deutschen Landen hat Bayern die längste Biergeschichte, und so ist es nicht verwunderlich, daß erste geschichtliche Nachrichten vom Hopfen aus dem Jahre 768 v.u.Z. stammen. Und zwar wurde in der Nähe des Klosters Freising (nördlich von München an der Isar gelegen) ein Hopfengarten erwähnt. Jenes Kloster auf einem der drei Hügel der Stadt Freising soll seit dem 8. Jahrhundert eine mönchische Braustätte gewesen sein, die ihr verbrieftes Braurecht vom Freisinger Bischof Egibert erhalten hat. Die Geburt der Bierbrauerei wird dem Kloster zugeschrieben. Dessen Brau- und Schankrechte gingen auf das Kloster Weihenstephan über, die heutige Bayerische Staatsbrauerei Weihenstephan. Übrigens sollen auch die ersten Braumeisterinnen aus Bayern stammen.

1487 forderte Herzog Albrecht zu Bayern-München von jedem Münchner Brauer einen »Preu-Aid«, demzufolge nur Wasser, Gerste und Hopfen für das Bier verwendet werden durften. Schließlich ist am 24. April 1516 vom Bayern-Herzog Wilhelm IV. im Landtag zu Ingolstadt das berühmte Reinheitsgebot erlassen worden – »das füran allenthalben in unsern Stetten, Märckthen und auff dem Lannde zu kainem Pier merer Stückh dann allain Gersten, Hopffen und Wasser genomen und gepraucht sölle werden«. Eben dieses Reinheitsgebot verbot die Einfuhr von Bier, das nicht danach gebraut wurde.

Angesichts der Schaffung des EG-Binnenmarktes gab es dann auch Ende der 80er, Anfang der 90er Jahre genügend Zündstoff für Diskussionen in der EG; besonders deutsche Bierhersteller fürchteten um ihr »deutsches Reinheitsgebot«, sprich ihren Marktanteil. Ungeachtet dessen werden in deutschen Landen knapp 5.000 Biermarken weiterhin nach dem altbewährten Reinheitsgebot gebraut. Doch jene Biere, die diesem Prinzip nicht entsprechen, finden nunmehr auch ihren Zugang zum deutschen Markt.

Wie das Pier summer vñ winter auf dem Land sol geschenckt vnd prauen werden

Item Wir ordnen/setzen/vnnd wöllen/mit Rathe vnnser Lanndeschafft/das füran allenthalben in dem Fürstenthümb Bayrn/auff dem lande/auch in vnsern Stettn vñ Märckthen/da dehalb hievor kain sonnder ordnung ist/von Michaelis biß auff Georij/ain mass oder kopffpiers über ainen pfennig Müncher werung/vñ von sant Jorgen tag/biß auff Michaelis/die maß über zwen pfennig derselben werung/vnd derenden der kopff ist/über drey haller/bey nachgesetzter Pene/nicht gegeben noch außgeschenckht sol werden. Wo auch ainer nit Mertzn/sonder annder Pier prawen/oder sonst haben würde/sol Er d och das/kains wegs höher/dann die maß vmb ainen pfennig schencken/vnd verkauffen. Wir wöllen auch sonderlichen/das füran allenthalben in vnsern Stetten/Märckthen/vñ auff dem Lannde/zu kainem Pier/merer stückh/dañ allein Gersten/Hopffen/vñ wasser/genomen vñ geprauchet sölle werdñ. Welher aber dise vnsere Ordnung wissentlich überfaren vnnd nit halten wurde/dem sol von seiner gerichtzöbrigkait/dasselbig vas Pier/zustraff vnnachläßlich/so offt es geschicht/genommen werden. Jedoch wo ain Gewirt von ainem Pierprewen in vnnsern Stettn/Märckten/oder auf m lande/yetzuzeiten ainen Emer piers/zwen oder drey/kauffen/vnd wider vnnter den gemaynnen Pawrsuolck außschencken wurde/dem selben allain/aber sonnst nyemandes/sol dye maß/oder der kopffpiers/vmb ainen haller höher dann oben gesetzt ist/ze geben/vñ außzeschencken erlaube vnnd vnuerpotn.

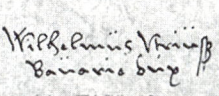

Gegeben von Wilhelm IV. Herzog in Bayern
am Georgstag zu Ingolstadt Anno 1516.

Geburtsurkunde des »deutschen Reinheitsgebots«
die Verordnung von Herzog Wilhelm IV. aus dem Jahre 1516

Aber der ausländische Gerstensaft stößt trotz wachsender Angebotsvielfalt auf wenig Gegenliebe bei deutschen Biertrinkern: die Importbiere bringen es derzeit auf einen Marktanteil von rund 2,5 Prozent. Die in den Regalen der Supermärkte auftauchenden Exoten beispielsweise aus Japan stillen eher die Neugier als den täglichen Durst. Und wenn im Sommer 1993 in den Berliner Schicki-Micki-Kneipen am Ku`damm, in der Oranienburger Straße oder im Prenz`lberg einige Yuppies genußvoll mexikanisches »Corona« aus der Flasche nuckeln, dürfte das auch mehr eine Modewelle denn ein Generalangriff auf die deutsche Braukunst sein.

Daß Bier eben Heimat braucht und deutsche Biertrinker nur ungern fremdgehen – nein: fremdtrinken – , mußten seit 1990 übrigens auch einige West-Berliner Brauereien ernüchternd feststellen. Wie die Bürger in allen neuen Bundesländern ließen sich auch die Ost-Berliner nicht lange von den West-Bieren blenden und kehrten zu den heimischen Marken zurück. Gewinner waren jene Investoren, die bei den Ost-Brauereien einstiegen und sie mit modernen Fertigungsanlagen ausstatteten. Das Resultat: ein verschärfter Wettbewerb unter den 1.290 deutschen Brauereien. Es geht um den Anteil an jenen 143 Litern Bier, die derzeit jeder Bundesbürger im Jahr durch seine Kehle rinnen läßt. Zwischen Spandau und Erkner liegt man damit noch drei Liter unter dem statistischen Bundesdurchschnitt. Und was waren das noch für Zeiten, als 1890 die Deutschen pro Kehle 183 Liter pichelten und die Münchener gar 425 Liter wegschlabberten!

»Bier is ooch Stulle«

Jahrhundertelang galt Bier als Grundnahrungsmittel. Seine natürlichen Rohstoffe und eine naturgemäße Brauweise machen Bier
zu einem natürlichen Getränk. In Maßen genossen, ist Bier eines
der gesündesten Nahrungsmittel – wurde jedenfalls von einigen
Medizinern behauptet. Gerühmt wurde vor allem die beruhigende
Wirkung des Bieres. Zweifellos ist es das älteste und wohl auch
das sicherste Beruhigungsmittel in der Geschichte der Mensch-
heit. Dazu verhilft der hohe Anteil an Bitterstoffen bei einer gerin-
gen Alkoholkonzentration. Zudem wurde Bier von alters her für
therapeutische Zwecke verwendet. Das Ebers Papyrus, das ungefähr aus dem Jahre 1550 v.u.Z. stammt, empfahl Bier in einer
Reihe von Verordnungen, beispielsweise als Mittel gegen Nieder-
geschlagenheit: »colocynth 4 ro« werden zusammengemischt
mit »10 ro Bier oder 5 ro Wein, gegessen und herunterge-
schluckt«. Von den Hebräern wird berichtet, daß sie sich in ihrer
Gefangenschaft durch das Trinken von Hopfenbier vor der Lepra
gerettet hätten. Und Thomas Fuller, der 1681 seine Doktorprüfung

in Cambridge ablegte, schrieb dem Bier außerordentliche pharmakologische Eigenschaften zu: »So stillt es jenes unerträglichste Leiden des Durstes, erfrischt die Därme, befreit die Geister und beweist eine wahre Herzlichkeit bei wütendem, kochendem Fieber.«

Trink Bier, aber sauf nicht,
disputier', aber rauf nicht

Und gegenüber anderslautenden Gerüchten ist Bier erstaunlich kalorienarm. Nicht umsonst meint der Volksmund, daß Bier »flüssiges Brot« sei, statt eine Stulle in sich hineinmampfen könne man auch ein Glas Bier ken.

Von dem Nationalökonom und einstigen österchischen Finanzminister Lorenz von Stein, er Bier als das wichtigste Erquickungs- und esellschaftsgetränk gerühmt hatte, stammt der oruch: »Unsere Zeit, die auf allen Punkten die gen Kräfte im Verhältnis zu den physischen r anstrengt, bedarf eines Gleichgewichts en diese Aufregung, und Bier und Tabak erfüldaher jetzt schon eine Bestimmung, die weit er die Ernährung, ja sogar über den Genuß ausgeht.« Na denn:

Brauer-Suppe

1 große Zwiebel, 1 Zweig Grünkohl, 2 Möhren, 1/2 Sellerie, 1 weiße Rübe, 125 Gramm gewürfelten Bauchspeck, 2 Eßlöffel Butter, 1 Liter helles Vollbier, 1 Stückchen Zucker, 1/4 Tasse Graupen, 1 Eßlöffel Reismehl, 2 Eigelb, 1/4 Liter Sahne, 1 frisch gekochte rote Rübe

Das Gemüse in Würfel schneiden und mit dem Speck andünsten. Das Bier darüber gießen und die Graupen, das Reismehl (in Bier angerührt) sowie das Stückchen Zucker dazugeben. 1 1/2 Stunden sieden lassen und dann das Eigelb darunterziehen. Vor dem Servieren die in Streifen geschnittene rote Rübe dazugeben.

Mecklenburger Bierkaltschale

1/2 Liter dunkles Bier, 1/2 Liter Milch, 1 Teelöffel Zucker, etwas Zitronenschale (ungespritzt!), Stangenzimt, 2 Nelken, 1 Eßlöffel Maismehl, 4 Eßlöffel süße Sahne, 1 Eigelb

Bier und Milch werden mit den Gewürzen aufgekocht, die in Bier angerührte Stärke hinzugegeben, dann nochmals aufkochen lassen. Sahne und Eigelb miteinander verrühren und unter die Suppe ziehen. Mit Zucker abschmecken.

Ein bißchen Rum verfeinert die Bierkaltschale. Serviert werden sollte die Suppe eiskalt, durchaus auch mit Eiswürfeln.

Sächsische Biersuppe

1 Liter Malzbier, kleingeschnittene Rinde einer Scheibe Schwarzbrot, 1 Eßlöffel Butter, 1 Teelöffel Zucker, 1 Teelöffel gemahlener Kümmel, 2 gut verquirlte Eier, Salz

Das Bier wird mit der Rinde, Butter, dem Zucker, Salz und Kümmel erhitzt, aber nicht gekocht. Dann vom Feuer nehmen, durchseihen und mit den Eiern abbinden.

Linsensuppe mit Bier

1 Tasse Linsen, 1 1/2 Tassen Bier, 1 gehackte Zwiebel, 2 Eßlöffel Butter, 1 Tasse gewürfelte Tomaten, 1 1/2 Tassen Fleischbrühe, Salz, Pfeffer, Petersilie, Würstchen

Linsen über Nacht in Bier einweichen, die Zwiebel in Butter anbraten und alle Zutaten hinzufügen. Auf kleiner Flamme eine 3/4 Stunde köcheln lassen.

Dann die Würstchen schneiden, hinzufügen und noch etwa 15 Minuten mitköcheln lassen.

Biergeheimnis: Daß ein Gebräude Bier im Sommer nicht sauer werde: Wirf einen Kienspan, etwa eine Spanne lang und einen Daumen breit, auf das Bier, wenn es noch warm ist: dies schützt.

Kleines Bierlexikon

Viele mittelalterliche Chroniken erzählen nicht nur von Bieren, die gebraut und getrunken wurden, sondern rühmen auch deren Qualitäten. Bier fiel oft in Abhängigkeit von der Jahreszeit oder der Witterung sehr unterschiedlich aus, und manchmal unterschieden sich sogar die einzelnen Sude eines Braumeisters in der Saison. Schließlich ist die Qualität eines Bieres aber auch abhängig von den Ausgangsmaterialien.

Die Magistrate der Städte, in denen Bier gebraut wurde, hielten es daher für ihre Pflicht, dafür zu sorgen, daß der gute Ruf dem herrlichen Gebräu erhalten bliebe - siehe Wittenberg und Martin Luther. Die Herren schauten den Brauern streng auf die Finger, und so wird denn aus der norddeutschen Stadt Zerbst von einer originellen Art der Bierprobe berichtet: Das Gebräu, welches der Kommission der Hoch- und Wohlweisen zur Prüfung vorgesetzt wurde, heißt es, durfte diesen nicht allein kredenzt, sondern mußte ihnen buchstäblich unterbreitet werden. Das heißt, es mußte Bier über ihre Sitzbank gegossen werden. Wenn die Herren sich auf die so getränkte Bank gesetzt hatten, verlangten sie als Beweis der wirklichen Güte des Bieres, daß beim Aufstehen ihr

Hosensitz darauf kleben bliebe. Widrigenfalls wäre das Bier zu leicht befunden und verworfen worden.

Bei der Bierherstellung unterscheiden sich *ober- und untergärige* Biere. Läßt man einmal alle historischen, regionalen und emotionalen Unterschiede weg, bleibt zwischen beiden Sorten nur eine kleine, technische Differenz: Je nachdem, ob ober- oder untergärige Hefe verwendet wird, entsteht als Endprodukt Pils, Export, Bock, Märzen *(untergärig)* oder Alt, Kölsch, Weizen, Berliner Weiße *(obergärig)*. Die Hefe obergäriger Biere verarbeitet den Malzzucker bei 15 bis 25 Grad Celsius, die Hefen untergäriger Biere nur bei

Alte Braupfanne

4 bis 12 Grad. Obergärige Biere zeichnen sich durch einen hohen Gehalt an Kohlensäure und eine starke Kohlensäurewirkung aus (Weizenbier). Untergärige Biere, in denen die Kohlensäure intensiver gebunden ist, zeigen eine verhaltenere und feinere Wirkung der Kohlensäure. In der Regel wurde in Berlin bis Ende des vorigen Jahrhunderts obergäriges Bier hergestellt. Die Voraussetzun-

gen für die Herstellung untergärigen Bieres waren nämlich, solange es keine Eismaschinen gab, höchstens im Winter gegeben. Aufgrund des raschen Gärverlaufs von obergärigen Bieren waren sie oftmals nur ungenügend ausgereift und daher auch nur begrenzt lagerfähig. Sie wurden einfach sauer. Darum auch der Ausspruch: »Das kannste anpreisen wie sauer Bier!«

Altes Sudhaus

Obergärige Sorten:

Altbier – dunkles Vollbier mit einem Stammwürzgehalt von 11 bis 14 Prozent. Trotz der Trendwende zu untergärigem Bier wurde und wird heute noch im Raum München und Düsseldorf obergäriges Bier gemäß alter Tradition hergestellt. Das Bier zeichnet sich durch einen hopfenbetonten und malzaromatischen Geschmack aus. (Die Stammwürze ist der beim Maischen aus der Stärke des Malzes gebildete Extrakt vor Beginn der Gärung. Sie enthält: Malzzucker, Bitterstoffe vom Hopfen, Eiweiß vom Malz, Mineralstoffe und Spurenelemente von Malz und Wasser.)

Berliner Weiße – helles Schankbier mit einem Stammwürzgehalt von 7 bis 8 Prozent. Es wird aus einer Mischung von hellgedarrtem Gersten- und Weizenmalz hergestellt. An der Gärung sind neben Hefen auch Milchsäurebakterien beteiligt. Das schwach hopfenbittere Bier hat einen mildsäuerlichen Geschmack und wird oft durch Fruchtsirup geschmacklich ergänzt.

Kölsch – helles Vollbier mit einem Stammwürzgehalt von 11 bis 12 Prozent. Das Bier ist regional typisch im Kölner Raum. Der Geschmack ist hopfenbetont und mildsauer.

Malzbier – dunkles Vollbier, dessen Stammwürzgehalt mindestens zur Hälfte aus Malz stammt (12 Prozent). Das Bier mit dem stark ausgeprägten Malzgeschmack ist nur »niedrig vergoren« und schmeckt süß.

Weizenbier – helles Vollbier mit einem Stammwürzgehalt von 11 bis 14 Prozent. Für das in Bayern typische Bier wird ein hoher Weizenanteil und eine geringere Hopfenmenge verwendet. Es

Der Patron des ersten »Untergärigen« in Preußen: Friedrich Wilhelm III.

zeichnet sich durch einen fruchtigen und malzaromatischen Geschmack aus. (Hefeweizen ist nicht ganz von der Hefe befreit und deshalb naturtrüb, Kristallweizen enthält keine Hefe und ist deshalb klar.)

Weizenbock – helles Starkbier mit einem Stammwürzgehalt von mindestens 18 Prozent. Bockbiere haben ihren eigentlichen Ursprung in der Stadt Einbeck. Doch die Braurechte wurden an Bayern abgetreten. Dort wurde aus der Endsilbe -beck die Bezeichnung -bock.

Weizenmärzenbier – dunkles Vollbier mit einem Stammwürzgehalt von mindestens 13 Prozent.

Süßbier – dunkles Einfachbier mit einem Stammwürzgehalt von 2 bis 5,5 Prozent.

> **Eins trink' ich, weil ich durstig bin,**
> **ein zweites, weil's mir schmeckt,**
> **ein drittes, weil's nach meinem Sinn**
> **den Geist des vierten weckt.**
> **Ich greif' zum fünften, sechsten, siebenten dann,**
> **weil ich's nun mal nicht lassen kann.**
> **Ich trinke das achte, neunte, zehnte,**
> **beim elften seufze ich weh und ach,**
> **denn auch die Füße werden schwach.**
> **Und tränke ich nun das zwölfte nicht,**
> **verlör' ich ganz das Gleichgewicht.**

Untergärige Sorten:

Bockbier – helles oder dunkles Starkbier mit einem Stammwürzgehalt von mindestens 16 Prozent. Es zeichnet sich durch seinen
hohen Alkoholanteil und seinen ausgeprägten malzigen
Geschmack aus. Bockbiere werden zu bestimmten Jahreszeiten
angeboten, zum Beispiel Mai-Bock oder auch Weihnachts-Bock.

Exportbier – helles Vollbier mit einem Stammwürzgehalt von mindestens 12,5 bis 14 Prozent. Der Name rührt von der Export-Tra-
dition des Dortmunder Brauereigewerbes. Es wird hochvergoren,
hat einen hohen Alkoholanteil sowie wenig Restzucker und ist
deshalb besonders haltbar.

Pilsner – helles Vollbier mit einem Stammwürzgehalt von 11 bis
12,5 Prozent. Der Name dieses Bieres geht auf die tschechische
Stadt Pilsen zurück. Es gehört zu den bekanntesten und beliebtesten Bieren und wird heute überall hergestellt. Das Pils ist stark
hopfenbetont und schwach malzaromatisch.

Märzenbier – helles oder dunkles Vollbier mit einem Stammwürz-gehalt von 13 bis 14 Prozent. Wegen der günstigen Temperatur-bedingungen wurde früher überwiegend im Winter gebraut. Das letzte, im März hergestellte Bier mußte zugunsten einer längeren Haltbarkeit besonders stark eingebraut werden.

Kulminator – dunkles Starkbier mit einem Stammwürzgehalt von 24 bis 28 Prozent.

Alte Malzschrotmühle

Soll Dir der Sud gelingen, so Brauer, merke Dir:
Beim Brauen muß man singen,
nur dann gerät das Bier.
Doch ist Dein Herz verdrossen
und wenn es Ärger fühlt,
so sei der Gram entschlossen
mit Bräu hinabgespült.

Die Technik des Bierherstellens

Das Reinheitsgebot von 1516 gebietet – trotz seiner Aufhebung durch die EG – die Bierherstellung aus folgenden Bestandteilen vorzunehmen:

Wasser

Je nach Brauort unterschiedlich, Art und Menge beeinflussen den Charakter des Bieres.

Malz

Produkt, das überwiegend aus Gerste hergestellt wird, für bestimmte Biere auch aus Weizen. Es liefert den zur Alkoholbildung notwendigen Zucker. Die Art des Malzes beeinflußt überdies Farbe und Geschmack des Bieres.

Hopfen

getrocknete weibliche Blütendolden des Hopfens, die Öle und Bitterstoffe enthalten.

Hefe

auch sie hat Auswirkungen auf die Eigenschaften oder den Geschmack.

Zunächst werden diejenigen Inhaltsstoffe, die später vergoren werden sollen, aus dem Korn herausgelöst. Dazu gehört:

das Mälzen

Das Korn wird durch Einweichen künstlich zum Keimen gebracht. Dann beginnen die Enzyme, die Stärke zu Zucker abzubauen und die Eiweißstoffe werden gelöst. Nach einer bestimmten Zeit wird das Keimen durch ein schonendes Trocknen abgebrochen.
Dabei erhält das Malz, je nach Temperatur, die Farbe, die sich später auf das Bier überträgt. Keime und Wurzeln werden dann entfernt.

das Maischen

Das getrocknete Malz wird geschrotet und mit warmem Wasser vermischt, so daß alle löslichen Stoffe ausgelaugt werden. Enzyme bauen Stärke und Zucker zu Einfachzucker ab. Durch Filtern wird die Würze gereinigt.
Dann wird der Hopfen gekocht. Hopfen verleiht dem Bier durch seine Bitterstoffe Geschmack und Aroma.

Stammwürze

Alle in der Würze gelösten Stoffe vor der Vergärung. Der Gehalt wird in Prozent ausgedrückt. Bei der Vergärung wird nur ein Teil der Zuckerstoffe zu Alkohol; der Alkoholgehalt entspricht etwa einem Drittel bis Viertel des Stammwürzegehaltes.

Vergärung

Der abgekühlten Würze wird Bierhefe zugesetzt, je nach Bierart ober- oder untergärige Hefe. Durch die Vergärung in offenen Tanks wird Alkohol und Kohlensäure gebildet; die Nachgärung in geschlossenen Behältern dient der Qualitätsverbesserung.

Bier in Berlin

Trinke nie ein Glas zu wenig
Denn kein Kaiser oder König
Kann von diesem Staatsverbrechen
Deine Seele ledig sprechen
So lieber eins zu viel getrunken
Etwas schwer ins Bett gesunken
Und darauf in stiller Kammer
Buße thun beim Katzenjammer.
(Studentenlied)

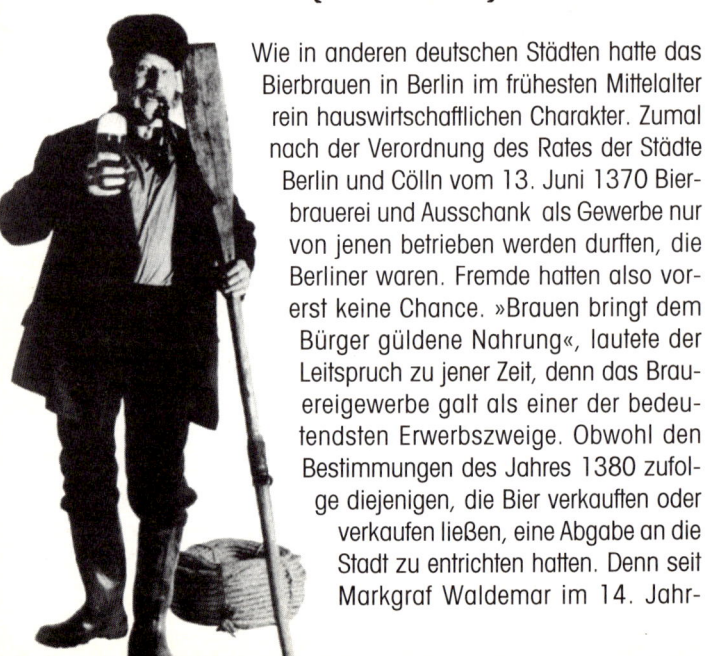

Wie in anderen deutschen Städten hatte das Bierbrauen in Berlin im frühesten Mittelalter rein hauswirtschaftlichen Charakter. Zumal nach der Verordnung des Rates der Städte Berlin und Cölln vom 13. Juni 1370 Bierbrauerei und Ausschank als Gewerbe nur von jenen betrieben werden durften, die Berliner waren. Fremde hatten also vorerst keine Chance. »Brauen bringt dem Bürger güldene Nahrung«, lautete der Leitspruch zu jener Zeit, denn das Brauereigewerbe galt als einer der bedeutendsten Erwerbszweige. Obwohl den Bestimmungen des Jahres 1380 zufolge diejenigen, die Bier verkauften oder verkaufen ließen, eine Abgabe an die Stadt zu entrichten hatten. Denn seit Markgraf Waldemar im 14. Jahr-

Alte Postkarte

hundert diese Einnahmequelle entdeckt hatte, forderten sie alle späteren Herrscher auch. 1488 wurde unter Kurfürst Johann Cicero außer der städtischen Abgabe erstmals eine Staatssteuer für Bier erhoben. Sie betrug von einem märkischen Groschen 12 Pfennig auf eine Tonne Bier, zunächst auf 7 Jahre angelegt. 1513 bewilligten die Stände seinem Nachfolger, Joachim I., diese Biersteuer auf Lebenszeit. Joachim II., offensichtlich geldgieriger als seine Vorgänger, führte 1549 gar die »große Bierzise« (Biersteuer) ein, nach der für jede Tonne Bier acht märkische Groschen entrichtet werden mußten.

Von jeher also war Bier ein ausgiebiges Steuerobjekt und die Brauindustrie eine ergiebige Steuerquelle. Der Import fremder Biere, sofern er nicht untersagt war, wurde sogar mit doppelter Steuerlast belegt. Zudem unterlagen Lagerung und Verkauf fremder Biere allein dem Rat der Stadt.

Berliner Kindl Postkarte

Serie I. No 6.

Und weil es in Berlin erstand,
„Berliner Kindl" ward's genannt.

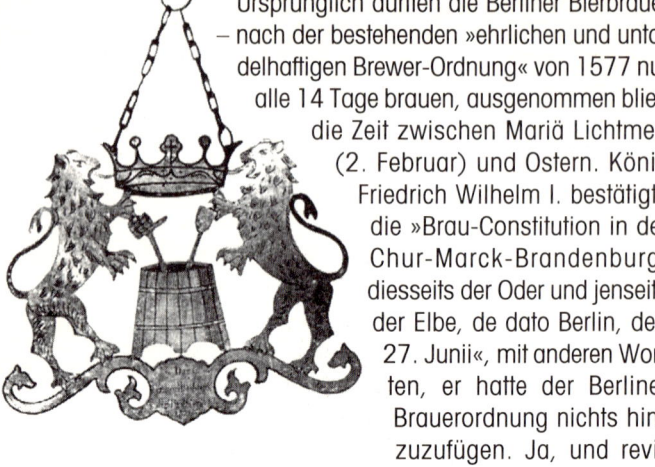

Ursprünglich durften die Berliner Bierbrauer – nach der bestehenden »ehrlichen und untadelhaftigen Brewer-Ordnung« von 1577 nur alle 14 Tage brauen, ausgenommen blieb die Zeit zwischen Mariä Lichtmeß (2. Februar) und Ostern. König Friedrich Wilhelm I. bestätigte die »Brau-Constitution in der Chur-Marck-Brandenburg, diesseits der Oder und jenseits der Elbe, de dato Berlin, den 27. Junii«, mit anderen Worten, er hatte der Berliner Brauerordnung nichts hinzuzufügen. Ja, und revidiert wurde sie erst 1694.

Zunftzeichen der Brauer

Gilderechte wurden den Berliner Brauern auch erst im Jahre 1577 verliehen, während andere Innungen wie die Bäcker oder Schuster diese schon 1272 erhalten hatten.

Andere Quellen besagen, daß es schon aus dem Jahre 1573 Belege eines Innungslebens gegeben habe. Wie dem auch sei, die Brauergilde schlug damals aus ihren Reihen geeignete Männer als »Braumeister« vor. Laut einer Urkunde von 1605 wurden aus Berlin 15 Braumeister ernannt, aus Cölln 10. Diese Braumeister hatten alljährlich zur Walpurgisnacht (die Nacht vor dem 1. Mai) und am St. Martinstage zusammen mit dem Rat die überaus wichtige Aufgabe, das Wachstum des Getreides »nach Billigkeit« zu betrachten und zu überrechnen, um den Preis des Bieres festzulegen.

Die Seelen des Biers

Manche bezeichneten die Braukunst als ein deutsches Nationalgewerbe. Doch diese Kunst zu beherrschen, war zumindest früher
ein harter Broterwerb. Um Bier zu brauen, bedarf es inzwischen
aber nicht nur einer komplizierten Technik, sondern des Wissens
und der feinen Zunge des Braumeisters als der Seele des Bieres.

*Berliner
Brauerwappen*

Obwohl die Brauer in Berlin viel und hart arbeiten mußten, zog es die wandernden Brauer häufig in diese Stadt. Die Brauereien waren zu jener Zeit eher primitiv und der Verdienst der Brauergesellen eher bescheiden, obwohl sie in aller Herrgottsfrühe anfangen mußten und bis spät in die Nacht zu arbeiten hatten. An geregelte Arbeitszeiten war nicht zu denken. Ein ehemaliger Brauereigeselle beschrieb einst seine eigene Lehrzeit: »Wieviel Stunden hat man zum Schlafen? Drei bis vier, manchmal fünf Stunden, das heißt, nicht im Bett, sondern man verkroch sich irgendwohin, damit man nicht zu finden war, sonst gab es immer einen neuen Auftrag. Die Kleider bekam man oft 14 Tage nicht vom Leibe. Der einzige Gedanke war, wann, wie und wo konnte man irgendwo schlafen, und wenn es auf harten Steinen war.«

Besonders hart war die Arbeit im Eiskeller, denn bis in die 80er Jahre des 19. Jahrhunderts gab es keine Eismaschinen. So mußte das Eis gestoßen und in eisernen Gefäßen zum Gärbottich geschleppt werden.

Da die Kühlung für Lagerbier notwendig war, konnte ein kontinuierliches Arbeiten der Lagerbierbrauereien erst mit der Einführung von Kühlmaschinen sichergestellt werden. Die erste Eismaschine in Berlin wurde in der damaligen Brauerei Rixdorf aufgestellt, sie soll aber nicht funktioniert haben. Die erste Lindesche Eismaschine dann wurde in Berlin 1883 im Böhmischen Brauhaus aufgestellt und konnte in 24 Stunden 300 Zentner Trübeis liefern. Für damalige Verhältnisse fast eine technische Revolution.

Am 26. August 1871 wurde der Berliner Braumeister-Verein gegründet. In seiner Satzung, Paragraph 1, heißt es: »Die Braumeister von Berlin und Umgebung haben einen Verein gebildet, welcher den Zweck hat, zwischen Meister und Gesellen eine bessere Ordnung herzustellen.« Das war sicher auch notwendig,

*Ehrendiplom des Berliner
Braumeister-Vereins*

denn man weiß nur allzu gut, wofür Lehrlinge des öfteren miß-
braucht wurden.

Aufnahme im Verein fanden alle Braumeister, die im Umkreis
von zwei Meilen von Berlin in den Brauereien beschäftigt waren.
Ab 15. Oktober 1871 wurden zur Kontrolle »Brauerbücher« eingeführt. Das heißt, es durften nur solche Brauer eingestellt werden,
die in Besitz eines solchen Buches waren. Wer einen Brauer ohne
Braubuch einstellte, mußte eine Konventionalstrafe von 25 Talern
zahlen. Von den Einnahmen sollten bedürftige Brauer unterstützt
werden.

Am 10. März 1876 wurde die Weiterführung der Brauerbücher,
auch Arbeitsbücher genannt, der Krankenkasse für das Berliner
Bierbrauergewerbe übertragen. 1890 folgte dann die Abschaffung
der Braubücher, nachdem sich noch 1888 der Direktor der Schultheiss-Brauerei vergeblich dafür eingesetzt hatte. 1906 wurde die
Satzung neugefaßt, und es entstand der Berliner Braumeister-Verein e.V., eingetragen im Vereinsregister beim Berliner Amtsge-
richt.

Monatlich fanden Vereinsversammlungen statt, abwechselnd
in verschiedenen Brauereischänken. Ein durchaus löblicher
Brauch war es, den Mitgliedern des Vereins Freibier auszuschen-
ken, was sicher häufig zu stundenlangen Versammlungen
(ver)führte. Häufig wurden auch Ausflüge in die Umgebung gemacht; dafür war ein besonderer Festausschuß verantwortlich.
Ein weiterer Höhepunkt für den Berliner Braumeister-Verein e.V.
war der Deutsche Braumeistertag, der am 22. und 23. Juni 1913
in Berlin stattfand.

Da es an Verordnungen schon zu früheren Zeiten kaum Mangel
gegeben hat, existierte im Jahr 1636 eine Ausschankverordnung:
»Ferner gebieten wir auch, daß des Abends, sobald die Trommel

geschlagen, welches allemal, wenn es in unserer Kirchen zur Heiligen Dreifaltigkeit neun Uhr schlägt, geschehen soll, in keinem Schankhause usw. einiger Wein oder Bier mehr den Gästen gezapft, sondern dieselben nach Hause zu gehen angewiesen werden sollen.« So wurde der »Zapfenstreich« geboren: Der Amtsdiener, der die Schänken inspizierte, machte einen Kreidestrich auf den Zapfen des Fasses und setzte damit dem Bierausschank ein unweigerliches Ende. Da der Ausschank beim Schlagen der Trommel aufzuhören hatte, übertrug sich das Streichen des Zapfens auf das militärische Trommelschlagen.

Historische Quellen berichten immer wieder, daß im 17. Jahrhundert der Bierkonsum relativ hoch war. Allein der Berliner Stadtkeller schenkte von 1664 bis 1666 1.627 Tonnen Bier aus, in den Jahren 1668 bis 1670 sollen es gar 2.745 Tonnen gewesen sein. Zu jener Zeit zählte die Stadt nur etwa 15.000 Einwohner und besaß immerhin rund 250 Brauhäuser. Zu Beginn des 18. Jahrhunderts wird gar von 426 Braustätten in Berlin berichtet. König Friedrich Wilhelm I. sorgte zudem dafür, daß das Berliner Bier hoffähig wurde. In einer »Ordre« an den General Grafen Schwerin vom 10. Februar 1738 erklärte er: »Ich will, daß hinfüro, wenn die Offiziere zusammenkommen, sie nicht viele Gerichte und Wein prätendieren, sondern miteinander hauswirtschaftlich vorliebnehmen sollen, es muß vor keinen Schimpf gerechnet noch übel genommen werden, wenn ein Offizier dem anderen ein Glas Bier vorsetzt.«

Mit Strenge ging man gegen Bierfälscher vor, wenn auch nicht gar so grausam wie einst bei den Sumerern. Im Übertretungsfalle wurden die Ratskellerpächter des Landes verwiesen; Fuhrleute, die unterwegs dem Getränk Wasser beimischten, wurden sofort mit Waldarbeit bestraft. Selbst die Flaschengröße wurde von einem Edikt bestimmt. Jede zu kleine Flasche konfiszierte man

*Schnupftabakdose
aus dem 18. Jahrhundert; Friedrich der Große –
ein Liebhaber von Bier und Biersuppe*

mit Inhalt und belegte sie außerdem mit einer Strafe von vier Groschen.

In der Berliner »Oekonomischen Encyklopädie« von 1784 wurde
sogar eine strenge »Bier-Prophylaxe« formuliert: »Der Ausschank
des Bieres sollte billig den brauenden Bürgern nicht verstattet

werden; es ist ihnen solcher mehr schädlich als nützlich. Wo aber dergleichen einmal eingeführt ist, und nicht mehr wohl abgeändert werden kann, da muß wenigstens die Policey alle dienlichen Maßnahmen ergreifen, damit dieser eigene Ausschank dem gemeinen Wesen, so wenig als möglich ist, zum Nachteil gereiche. Wenn die Bürger ihr Bier selbst ausschenken, so verursachet solches, daß sie beständig bey einander zu Biere liegen, und dadurch ihr Gewerbe und Nahrungsgeschäfte verabsäumen, liederlich werden und endlich verderben. Es würde also viel besser und den Bürgern selbst nützlicher seyn, wenn sie den Ausschank den besondern Wirths- und Schenkhäusern überlassen müßten.«

Natürlich sorgte sich auch Friedrich der Große um das Brauereiwesen. Zu seiner Zeit waren in Berlin 163 Braumeister und 302 Brauknechte tätig. Das Bier wurde in 701 Bierschänken verkauft, während es in ganz Berlin nur acht Branntweinschänken gab. Ausländische Biere aber waren in Preußen ganz verboten. Die Polizei setzte halbjährlich die Taxe des Bieres fest und bestimmte auch, wieviel Tonnen von einem Gebräu gezogen werden durften.

Apropro Polizei: Bis zum Ende des 19. Jahrhunderts hörte man in den Bierausschankstätten auch häufig die Frage, ob der Wirt etwas auf dem Kerbholz habe. Nun, diese Frage stellten nicht die Gendarmen, sondern die Kutscher, die das Bier anlieferten. Bis zum Ende des 19. Jahrhunderts waren Kerbhölzer in Berlin zur Feststellung der den Wirten gelieferten Menge an Gerstensaft in Gebrauch. Die Kerbhölzer, auch Kerbstöcke genannt, bestanden aus zwei schmalen Brettchen, die, aneinander gelegt, an den Enden ineinandergriffen. Wurde von den Brauereien Bier an die Gastwirte geliefert, so ritzte der Kutscher quer über die Schmalseiten der beiden Hälften eine Kerbe. Die eine Hälfte bekam der Wirt, die andere, auf der der Name des Gastwirtes stand, steckte der Kutscher ein. Für jede halbe Tonne gelieferten Bieres wurde eine Kerbe eingeritzt, die siebente halbe Tonne gab es gratis, aber auch sie wurde eingekerbt. Bei der Abrechnung wurden beide Hälften übereinander gehalten, die bezahlten Kerben mit Tinte geschwärzt und die unbezahlten weiß belassen. Schummeln konnte man dabei wahrlich nicht. Nach der Bezahlung von 21 Kerben wurde das Holzstück glatt gehobelt, und das Spielchen konnte von neuem beginnen.

Die Brauereien litten unter der Biersteuer und auch unter den Folgen, die diverse Kriege der damaligen Zeit für das Braugewerbe hatten. So wurden nach dem Siebenjährigen Krieg von den Franzosen Kaffee, französische Weine und feine Liköre eingeführt, die dem Bier erheblich Konkurrenz machten. Kaffee beispielsweise bürgerte sich immer mehr ein, obwohl der König diesen mit siebeneinhalb Groschen Steuer pro Pfund belegt hatte. Auf eine Beschwerde hinterpommerscher Landstände gegen den Kaffee erwiderte Friedrich II. gar: »Es ist abscheulich, wie weit es mit der Konsumtion des Kaffees gehet ... sind Se. Königl. Maj. Höchstselbst in dero Jugend mit Biersuppe erzogen, mithin können die Leute dorten so gut mit Biersuppe erzogen werden, das ist viel gesünder wie der Kaffee.«

Um 1800 hatte sich das Berliner Brauwesen wieder auf eine ansehnliche Höhe emporgearbeitet. Von 1722 stieg der Bierverbrauch von 598 Tonnen auf 1.285 Tonnen im Jahr 1800. Aber ausruhen konnte sich das Berliner Brauereigewerbe dennoch nicht. Die Konkurrenz fremder Biere nahm zu. Zu Beginn des 18. Jahrhunderts wurden in Berlin 73 fremde Biersorten gezapft. Da

Verehrte die Berliner Weiße:
Feldherr Wallenstein

fremde Biere angeblich besser ge-
schmeckt haben sollen als das Berliner Bier, eroberten sie den Markt: an
der Spitze das Ruppiner, das Cottbus-
ser, Fürstenwalder, Treuenbrietzener,
das Karthäuser aus Frankfurt/Oder,
das Potsdamer und schließlich das
Bernauer Bier.

In Berlin hatte man sich ja auch
lange Zeit mit dem aus Gerstenmalz
gebrauten Kufenbier begnügt – Martin
Luther und Katharina von Bora hätten
es wahrscheinlich auch als »Speibier«
bezeichnet.

Erst Anfang des 16. Jahrhunderts
kamen Sorten wie Braun- und Weißbier ins Angebot. Weißbier wurde aus
Weizenluftmalz gebraut und entwickel-
te sich zum eigentlichen Berliner Volksgetränk. Und zwar im wei-
testen Sinne. Der Bierkonsum war so beträchtlich, daß ein Rat bei
seiner Anstellung unter Kurfürst Johann Georg folgendes unter-
zeichnen mußte: »Desgleichen will ich mich des Vollsaufens enthalten und auf jede Malzeit mit zween zimblichen Becher Biers
die Mahlzeit schließen.« Warum werden solche Selbstverpflich-
tungen nicht auch heutzutage von Senatsangestellten abgege-
ben?

Einer der prominentesten Verehrer der Berliner Weiße war Feldherr Wallenstein, der sich die Spezialität für 2.000 Taler Kontribu-
tion im Dreißigjährigen Krieg aus Berlin nach Cottbus schicken
ließ. Und die französischen Soldaten nannten die Berliner Weiße
»Champagne du Nord«.

Potsdamer Stangenglas und Preußische Walzen-Krüge aus dem 18. Jahrhundert

Wie in vielen anderen Bereichen brachten die Stein-Hardenberg-
schen Reformen in der Gesetzgebung 1810 auch für das Brauereigewerbe Positives, nämlich die Befreiung von Zunftzwang.
Somit wurde die Brauerei ein freies, nur der allgemeinen polizei-
lichen Genehmigung und Aufsicht unterliegendes Gewerbe. Doch
die Zahl der Brauereien nahm ab, denn die Wirte brauchten nun
nicht mehr das schlechte Getränk zu nehmen und konnten ihren
Bedarf jetzt da decken, wo sie wollten. 1811 gab es noch 55
Brauereien, 1816 nur noch 42, 1835 30, dafür 1842 wieder 35,
1850 45, 1860 41 und 1868 50.

Tivoli-Brauerei um 1870

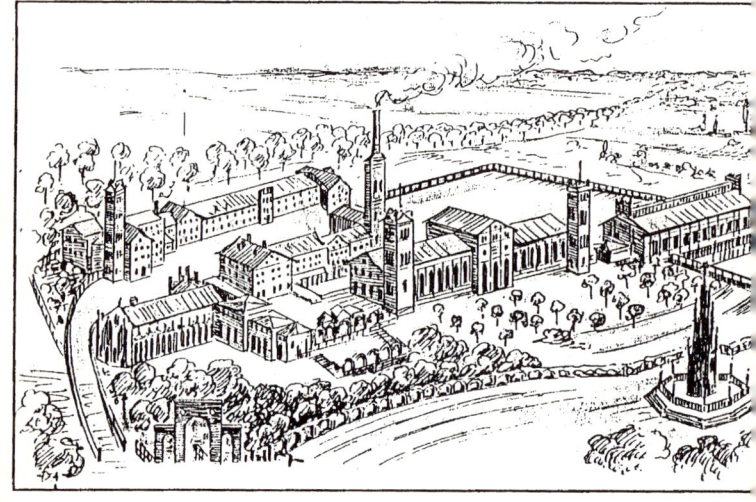

Inzwischen hatte sich auch in Berlin das Bier nach bayerischer Art Gefallen und demzufolge Eingang verschafft. Die Wiege des Berliner nach bayerischer Art gebrauten Bieres soll im Hause der Leipziger Straße 6 gestanden haben, in dem der aus der bayerischen Pfalz eingewanderte Küfer Georg Hopff eine Weinstube hatte. Er soll sich eines Tages, als sich seine Gäste über das bayerische Bier unterhielten, in das Gespräch eingemischt haben, um bekanntzugeben, daß er bayerisches Bier herstellen könne. Als die Gäste etwas ungläubig guckten, erbot er sich, eine Probe zu liefern. Er verlangte für seine Aufwendungen Geld, das man zusammenlegte. Dafür erwarb Hopff Malz und Hopfen und stellte in einem Kupferkessel auf dem Hof ein Bier her, das bei den Gästen großen Anklang fand. Zusammen mit dem Kriegsrath Fanta soll Hopff daraufhin ein Grundstück in der Friedrichstraße 126 erworben haben, wo der von ihm engagierte Braumeister Ley das erste Berliner untergärige Lagerbier nach bayerischer Art braute. 1838 erbaute Hopff dann die Bockbierbrauerei auf dem Tempelhofer Berg.

Viele der Hopfschen Braumeister machten sich später selbständig: Ley 1839 in der späteren Schönhauser Allee und Pfeffer 1841 auf dem Pfefferberg.

In allen Teilen der Stadt entstanden bald Lagerbierbrauereien. Schon 1860/61 wies die größte Bayrisch-Bier-Brauerei, die Tivoli-Brauerei auf dem Kreuzberg, mit 27.112 Zentnern einen doppelt so großen Malzverbrauch auf wie eine jede der damals bedeutsamen Weißbierbrauereien. 1879/80 gab es 23 Lagerbierbrauereien mit einem Malzverbrauch von 520.929 Tonnen und 24 obergärige Brauereien mit nur 273.134 Tonnen Malzverbrauch. 1906/07 sank das Verhältnis von 36 Lagerbierbrauereien zu 20 obergärigen und deren Malzverbrauch von 1.646.788 Tonnen zu nur 167.178 Tonnen.

Das bayerische Bier galt ab 1848 in Berlin als das »demokratische« Bier, als das Bier der jungen Leute. Weißbier dagegen, das so beliebte Volksgetränk der Berliner, zählte als das »konservative«, und die, die es tranken, als »Weißbierphilister«. Ein damaliger Zeitgenosse beurteilte den Einfluß des bayerischen Bieres auf Berlin folgendermaßen: »Wie schon bemerkt, war die Einführung des Baierischen Bieres von nicht unwesentlichem Einfluß auf das öffentliche Leben Berlins. Das Berliner Weißbier war seinem Wesen nach conservativ. Wer sich eine Stange davon bestellte, mußte vorläufig wenigstens ein ruhiger Mann sein, er

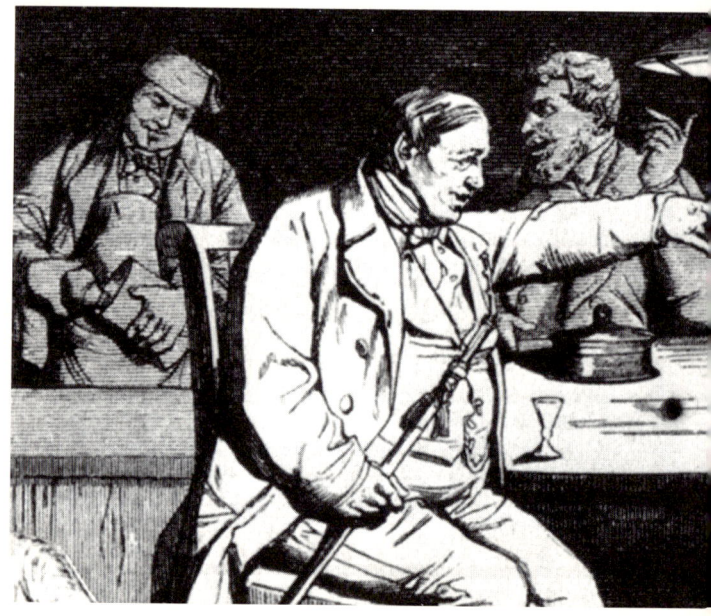

mußte sich in Geduld fassen, bis der Schaum, welcher sich einen halben Fuß hoch thürmte, gefallen war, er konnte die Masse des gehaltvollen Stoffes nur allmählich bewältigen, je tiefer er aber eindrang in die Kühle Blonde, desto ruhsüchtiger wurde er, das Volumen seines Körpers vermehrte sich beträchtlich, die Bewegung wurde erschwert. Anders wirkt das Baierische Bier. Es regt den Magen mehr an, als es sättigt, es hat viel spirituosen Gehalt und es muß schnell getrunken werden, es schwemmt wenig auf, aber es steigt leicht zu Kopf; beim Baierischen wird der Trinker lebhaft und aufgeregt, während er beim Weißbier beruhigt,

gemüthlich und endlich schläfrig wird.« Die direkte Folge dieser neuen Bierseligkeit war ein starker Rückgang der Weinstuben.

1839 hatte Berlin zum zweiten Schlag gegen Bayern ausgeholt: Zu Ostern begann in Berlin die Bockbierzeit. Zur Premiere, also zum ersten Ausschank, sollen 400 Tonnen Bockbier durch die Kehlen der Berliner geflossen sein. Und zum Bockbier gesellte sich auch die Bockwurst. Noch Jahrzehnte später nahm Kurt Tucholsky die Berliner Bockbierfeste und das besonders innige Verhältnis von Bayern und Preußen aufs Korn:

> *Mir san die Bayern –*
> *mir saufn an Schluck!*
> *Fürs G'schäft san uns die Preißen*
> *die sackrischen,*
> *sackrischen*
> *allweil gut g'nug –!*
> *Duliöh –!*
> *Lalalahütii –!*

Im letzten Drittel des 19. Jahrhunderts existierten in Berlin noch neun Weiß- und Malzbierbrauereien, darunter die Weißbierbrauerei Bolle und die Brauerei Breithauppt. 26 wurden stillgelegt. 1873 sollen aber bereits 14 untergärige Aktienbrauereien mit einem Kapital von insgesamt 11.565.000 Talern in Berlin entstanden sein. Charakteristisch für das Aktienprinzip war die Befreiung der Aktiengesellschaften von der Sondersteuer 1861, 1870 sogar von der staatlichen Genehmigung und Beaufsichtigung.

Immer mehr mittlere und kleine Braustätten fielen den Konzentrationsbestrebungen Berliner Brauereien zum Opfer, oft auch, weil sie die schweren Zeiten aufgrund eines hohen Getreidepreises und einer überhaupt wirtschaftlich ungünstigen Lage sowie einer dadurch verminderten Kauffähigkeit der arbeitenden Klasse nicht überstehen konnten. Einen Aufwärtstrend erhielt das Brauereiwesen durch verschiedene technische Entwicklungen, die der Vervollkommnung des Brauprozesses dienten, so durch Verbesserungen der Maschinentechnik und der Gärungschemie. Eine neue Epoche für das Brauereiwesen hatte mit der Erfindung und Verwendung der Dampfkraft begonnen. Anfangs glaubten viele Brauer gar, in der Wissenschaft einen gefährlichen Feind zu haben, der alten Gewohnheiten auf den Leib rücken würde und ihnen die Existenzberechtigung abzusprechen schien. Doch man merkte schnell, daß die Wissenschaft zu einem unentbehrlichen Ratgeber geworden war.

In diesem Zusammenhang muß man die Gründung der Versuchs- und Lehranstalt für Brauerei im Jahre 1883 erwähnen. Gerade sie zeugt davon, daß die Berliner Braumeister stets darauf bedacht waren, sich die Fortschritte in Wissenschaft und Technik zunutze zu machen. 1891 wurde die Hochschulbrauerei (gegründet vom späteren wissenschaftlichen Leiter der Lehranstalt für Brauerei, dem Geheimen Regierungsrat Prof. Dr. Dr. h.c. Max

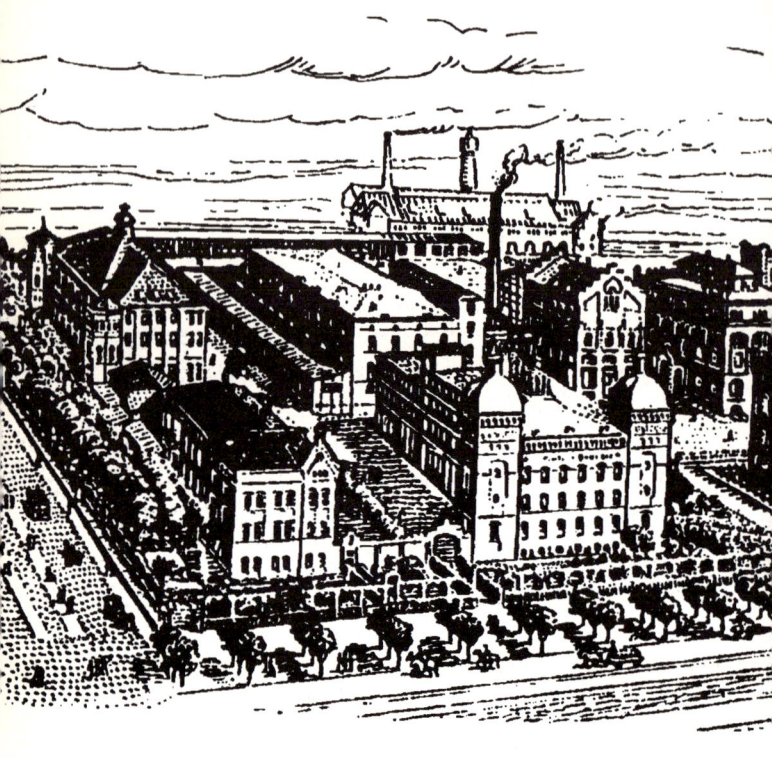

Delbrück, der zugleich den Vorsitz in der Versuchs- und Lehranstalt für Spiritusfabrikation in Berlin führte) in Betrieb genommen.
Zunächst wurde dort nur untergäriges dunkles Bier nach Münchener Art gebraut, seit 1897 auch helles. Nach einem Umbau und
einer Erweiterung in den Jahren von 1906 bis 1908 konnten
dann auch obergärige Biere hergestellt werden.

Übrigens gab es seit 1875 in Berlin die erste Brennereischule, 1888 dann eine Brauerschule. Ein Promotionsrecht für Brauer existiert seit 1933, und seit 1957 gibt es Studiengänge für Brauereitechnologie.

Die Lehr- und Versuchsanstalt für Spiritusfabrikation um 1900

Der Bier-Boykott

Um das Jahr 1894 rankt sich ein Ereignis, das man durchaus als bemerkenswert in der politischen Sozialgeschichte bezeichnen kann. Die Begebenheit fällt in die Entstehungszeit von Gewerkschaften und Unternehmerverbänden und legte den Grundstein für eine der ersten Tarifpartnerschaften in Berlin. Gemeint ist die Konfrontation zwischen Brauereien und Brauern.

Neben dem Anspruch auf höhere Löhne unterstützten die Brauereimitarbeiter die Forderung der Sozialistischen Internationale, den 1. Mai fortan als Demonstrationstag, als freien Tag, zu feiern. Die Brauereien lehnten ab und sperrten die etwa 300 Böttcher (Faßmacher), die nicht zur Arbeit erschienen waren, für sieben Tage aus. Erwähnenswert ist, daß das in Berlin ansässige Münchener Brauhaus, eine kleine Brauerei, mit seinem Direktor Arndt die Forderungen der Arbeiter des Unternehmens erfüllt hatte und daher von weiteren Streiks unberührt blieb.

Am 7. Mai 1894 traten 203 Böttcher erneut in den Streik. Die Brauer und Hilfsarbeiter wiesen sie an, eine Übernahme der Böttcherarbeiten abzuweisen, sofern die Brauereien dies fordern würden. Eine in Rixdorf einberufene Gewerkschaftsversammlung beschloß, wegen der Maßregelung der Böttcher einen Bierboykott über die Rixdorfer Brauerei zu verhängen. Alle Ringbrauereien, so genannt, weil sich die größeren Brauereien Berlins am 26. April 1890 zum Verein der Brauereien Berlins zusammengeschlossen hatten, erklärten sich solidarisch mit der Rixdorfer Brauerei und legten fest, die Produktion einzuschränken und bis zu 20 Prozent ihrer Arbeitnehmer zu entlassen. Am 16. Mai erhielten daraufhin über 400 Brauarbeiter ihre Entlassung. Ihnen wurde erklärt, daß sie solange keine Anstellung in den Ringbrauereien finden würden, bis durch den Beschluß des Vereins der Brauereien eine

andere Lage geschaffen worden wäre. Am Tag danach sprach der sozialdemokratische »Vorwärts« seine tiefe Entrüstung aus: »Gegen 500 Brauereiarbeiter und 300 Böttcher, 800 fleißige Männer, darunter sehr viele Familienväter, liegen auf der Straße. Wie haben wir diese unerhörte Provokation zu beantworten? Unzweifelhaft mit der Waffe, die die Brauereibesitzer am schwersten trifft, mit dem Boykott … Ein allgemeiner Boykott würde den Bierring stärken, ein partieller sprengt ihn.«

Aufgerufen wurde dazu, fortan sechs weitere Brauereien zu boykottieren: die Böhmische Brauhaus AG, die Brauerei Happoldt, die Adler-Brauerei, Inh. Georgy, die Schloßbrauerei Schöneberg AG, die Spandauer Bergbrauerei und die Schultheiss-Brauerei. Selten ist die organisierte Arbeiterschaft Berlins mit größerer Leidenschaft und Energie in einen Kampf gezogen, als es bei diesem Bier-Boykott der Fall war. Eine konstituierte Boykott-Kommission verfaßte das Manifest »An die Einwohner Berlins und der Vororte«, die Parole lautete: »Trinkt kein boykottiertes Bier!«.

Die boykottierten Brauereien gehörten zu den größten Brauereien der Stadt und auch zu den beliebtesten. Sie produzierten etwa die Hälfte des in Berlin konsumierten untergärigen Bieres und hatten eine Anzahl von Gastwirtschaften unter Vertrag, die entweder von den Brauereien selbst betrieben wurden oder durch Vertriebsvereinbarungen mit den Brauereien berührt waren.

Im Oktober 1890 hatte der Verband der Berliner Brauereien gegen die Boykottschäden einen Schutzvertrag geschlossen. Es entstand ein Garantiefonds von zunächst 100.000 Mark, der zum Ausgleich der den Vereinsmitgliedern aus der Boykottbewegung erwachsenen Schäden dienen sollte. Antipathie und Sympathie gingen quer durch die Reihen der Berliner – immerhin waren Leute entlassen worden. Die Forderungen der Arbeiter wurden von den Brauereien nicht anerkannt. Ermüdungserscheinungen zeigten sich, und am 24. Dezember 1894 kam die sogenannte Friedensvereinbarung, die von vielen Arbeitern als ungenügend empfunden wurde. Eduard Bernstein zog 1910 das Fazit: »Es liegt im Wesen der wirtschaftlichen Kämpfe unserer Zeit, daß sie, was sonst ein Widerspruch wäre, eine Stärkung beider kriegführenden Mächte zum Resultat haben können. Auch die Brauereien gingen stärker aus dem Kampf hervor, als sie in ihn eingetreten waren. Zunächst waren im Gegenteil die Organisationen der Brauereiarbeiter die Schwächeren... Mit den Berufsorganisationen aller Arbeiter allein, die obendrein unter sich noch gespalten waren, wäre der Brauereiring spielend fertig geworden. Die Zugeständnisse, die er ihnen machte, waren von der Gesamtarbeiterschaft Berlins für sie errungen worden.«

In den 80er Jahren des 19. Jahrhunderts wurde der Flaschenbierhandel immer mehr ausgedehnt, 1910 mit Beschluß des Reichstags sogar konzessionspflichtig gemacht. Den Brauereien

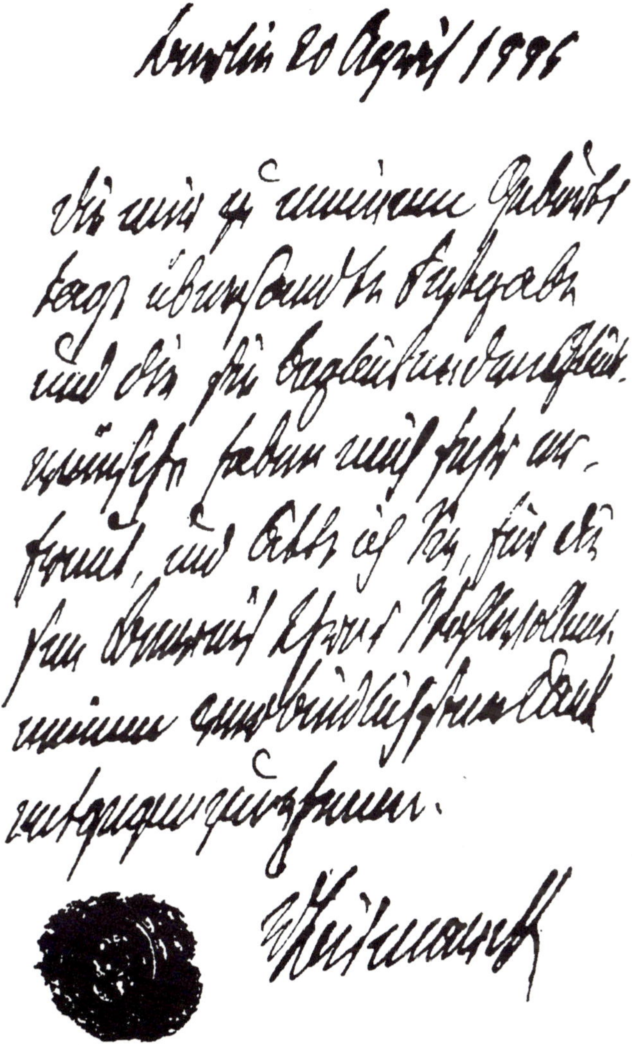

Berlin 20 April 1895

_Die mir zu meinem Geburts-
tage übersandten Festgaben
und die sie begleitenden Glück-
wünsche haben mich sehr er-
freut, und bitte ich Sie, für die
zum Ausdruck Ihrer Theilnahme,
meinen aufrichtigen Dank
entgegenzunehmen._

v. Bismarck

Dankschreiben Bismarcks an eine Berliner Brauerei

gereichte dies in den ersten Jahren nicht gerade zum Vorteil bzw. Gewinn. Man hatte nämlich nicht daran gedacht, daß die Flaschen irgendwie wieder zurückgegeben werden könnten. Erst 1902, als die Brauereien einen Flaschenpfandvertrag abschlossen, kam es zu einer Einschränkung der Verluste durch das Abhandenkommen von Flaschen. Auch die Flaschenbierausfahrer und -händler waren am Zurückbringen der Flaschen interessiert, denn sie erhielten einen bestimmten Betrag für das Zurückbringen der Flaschen (wobei die Bezahlung auf den Lohn angerechnet wurde).

1906 wurde endlich ein neues Brausteuergesetz eingeführt, durch das sich die Steuer von vier auf zehn DM für den Doppelzentner Malzverbrauch erhöhte.

Aber bereits seit Jahren und Jahrzehnten war die Steuerfrage ein Top-Thema in Preußen. So auch am 21. Januar 1880, als im Preußischen Abgeordnetenhaus über ein Gesetz zur »Besteuerung des Vertriebs geistiger Getränke« beraten wurde und der Abgeordnete Alexander Meyer – vielleicht in Anlehnung an Bismarck – sich mit folgendem tiefsinnigen Spruch in die Annalen deutscher Biergeschichte eintrug: »Bier wird nur zu dem Zweck gebraut, um getrunken zu werden, und dasjenige Bier, was nicht getrunken wird, hat eben seinen Beruf verfehlt.«

1916 ist schließlich das Jahr, in dem in Berlin die größte Bierproduktion Deutschlands registriert wurde. Eine Spitzenposition, um die Berlin heute immer noch – oder wieder – ringt.

**Erhöhter Bierpreis hat's vermocht,
daß des Volkes Seele kocht.**

Hopfen und Malz – Gott erhalt`s
Brauereien in Berlin
»Ein schwerer Schlag gegen Bayern«

*Die Brauerei
Julius Bötzow
Aktien-
gesellschaft*

Die Bötzowstraße im Prenzlauer Berg ist – zumindest was den Osten betrifft – keine unbekannte Straße. Doch kaum einer fragt sich, woher der Name eigentlich stammt. Julius Bötzow, der Namensgeber, war Gründer einer Berliner Brauerei, und die Straße wurde nach ihm immerhin schon zu Lebzeiten benannt.

Bereits im Jahre 1843 existierte eine Weißbier-Brauerei der Familie Bötzow in der Linienstraße, die drei Jahre später in die Neue Königstraße verlegt wurde. Ein Jahr später entstand die Weißbierbraustätte in der Linienstraße neu, und Franz Bötzow, ein Onkel von Julius Bötzow, begründete auch in der Alten Schönhauser Allee 23/24 eine Brauerei. Die Zeiten aber, in der Brauereien als landwirtschaftlicher Nebenbetrieb existieren konnten, waren vorbei, alle Bötzow-Brauereien rentierten sich nicht und mußten geschlossen werden.

Ab 1859 wurde in der Neuen Königstraße wieder Bötzow-Bier gebraut. Diesmal allerdings kein Weißbier mehr, sondern ein untergäriges. Doch auch dieser Versuch währte nur bis 1863. Gutes bayerisches Bier zu brauen, war schon eine Kunst.

Windmühlenberg, auf dem die Bötzowbrauerei errichtet wurde

Am 13. April 1864 eröffnete Julius Albert Bötzow dann seine eigene Brauerei in den umgebauten Räumen der Schönhauser Allee 23/24, die ihm sein Onkel Franz überlassen hatte. Offensichtlich erwiesen sich die Mißerfolge der Familie beim Bierbrauen für den Sohn Julius als Stachel, selbst Brauer zu werden. Julius Bötzow hatte bei Amtsrat Schütz in Grünthal die Entwicklung der Braukunst studiert und sich vorgenommen, ein gutes Bier nach bayerischer Art zu brauen. Die Kellereien ließ Julius Bötzow auf dem sogenannten Windmühlenberg außerhalb der Stadtmauern anlegen. Einst wurden an den Hängen des Windmühlenbergs

Weinreben gezüchtet. Zeitgenossen von damals zufolge soll es
ein kümmerlicher, saurer Wein gewesen sein. Überliefert ist der
Ausspruch, der nicht gerade sehr charmant klingt: »Der Wein von
märkischer Erde schafft Leiden als tut eine Säge die Kehle durch-
schneiden.«

Im Jahre der Brauerei-Gründung gab es noch zwei Windmühlen
auf dem Berg, die der Alte Fritz 1748 hatte errichten lassen, um
das Korn der Berliner Ackerbürger mahlen zu lassen. Julius Bötzow ließ mehrere Tiefbrunnen anlegen, denn das Wasser eignete
sich hervorragend als Brauwasser. In der Bötzow-Brauerei wurde
der erste Dampfkessel der Berliner Brauereien aufgestellt, der
zugleich der erste im ganzen norddeutschen Braugewerbe war.
Kaum, daß die Brauerei in Betrieb war, wurde auch eine Ausschankstätte errichtet. Vom 4. Juli 1864 stammt die Genehmigung des Königlichen Polizeipräsidiums, am 12. Juli schon konnte der Grundstein für Saalbau und Gartenhalle gelegt werden.

Am 5. September 1884 wurde mit dem Brauerei-Neubau auf
dem Windmühlenberg begonnen. Das Ausmaß dieses Baus war
eine Sensation für Berlin. »In dem ganzen Neubau ist durchweg
nur Stein und Eisen zur Verwendung gekommen, so daß eine
Feuergefahr fast ganz undenkbar ist«, schrieb ein damaliger
Lokal-Anzeiger. »Mit einem Wort, das ganze große Etablissement
ist eine Sehenswürdigkeit unserer Millionenstadt Berlin.« Die
Brauerei entwickelte sich gut und offenbar zur Zufriedenheit von
Brauereibesitzer und Kunden. Denn, welch bisher nie dagewese-
ne Ehrung – Julius Bötzow wurde am 18. April 1886 zum Hof-
lieferanten ernannt.

In 25 Jahren hatte Julius Bötzow seine Brauerei von einer kleinen Braustätte zu einer der größten Privatbrauereien in Norddeutschland entwickelt. So urteilte denn auch 1889 ein führendes
süddeutsches Blatt: »Ein schwerer Schlag gegen Bayern bereitet

sich langsam aber sicher vor: Die Verdrängung unserer Bierindu-
strie von dem norddeutschen Markte. In Berlin und in Norddeutschland drängt man mit aller technischen und wissenschaftlichen Unterstützung der Regierung dahin, die eigene Erzeugung
von Bier in Güte und Menge immer mehr zu verbessern. Es dürfte
nicht mehr lange dauern, so hat die Berliner Brauerei die Münchner wenigstens quantitativ überflügelt.« Wer hätte das angesichts
der einst überragenden bayerischen Biere gedacht?

> **Hätt' Adam Baierisch
> Bier besessen.
> Hätt' er den Apfel nicht
> gegessen.**

1890 wurde ein neuer Bierkeller gebaut, und neben dem Gartenausschank auf dem Bötzow-Berg gab es in Berlin inzwischen noch 20 weitere Ausschankstätten. Zum Beispiel die im Metropol-Hotel in der Friedrichstraße, das 1888 errichtet wurde. Das jetzige Metropol-Hotel trägt allerdings nur diesen Namen.

Im Juli 1914 verstarb Julius Bötzow. Er hatte zu Lebzeiten nicht nur seine Brauerei aufgebaut, sondern sich auch sozial und gesellschaftlich engagiert. Erst mit seiner Unterstützung konnte die Immanuel-Kirche ab 1892 errichtet werden, da Bötzow das für den Bau erforderliche Grundstück im Werte von 273.000 Mark zur Verfügung stellte. Das wiederum hatte den Berliner Magistrat veranlaßt, am 28. November 1900 die Straße nach Bötzow zu benennen.

Die Bötzow-Brauerei erlitt erhebliche Kriegsschäden. Im Jahre 1927 wird sie als die größte Privatbrauerei Norddeutschlands zur Aktiengesellschaft umgewandelt, ab 1938 ist sie eine Kommanditgesellschaft. 1948 wird die Bötzow-Brauerei enteignet und 1949 demontiert.

Biertransport mit Dampfer

Die Erste Genossen- schaftsbrauerei in Berlin- Friedrichs- hagen

Vieles spricht dafür, daß das Bierbrauen auf dem heutigen Braue- reigelände der »Berliner Bürgerbräu GmbH« schon früher betrie- ben wurde. Bekannt ist auf alle Fälle, daß 1869 Hermann Schä- fer aus Weimar ein Stück Land in Friedrichshagen kaufte und die Lindenbrauerei mit Bierausschank gründete. Doch die Brauerei ging in Konkurs und der Buchdruckereibesitzer Jansen, Schwie-

gervater von Schäfer, kaufte 1877 aus der Konkursmasse die Brauerei und das dazugehörige Grundstück. Bis zum Januar 1888 verpachtete dieser die Brauerei an den Nürnberger Hopfenhändler Heidenheimer. Die Brauerei hieß zu jener Zeit: »Töpfers Brauerei Friedrichshagen«.

Als es an Pächtern mangelte, entschloß sich Schäfer 1888 mit seinem Partner, dem Rentier Wallburg, die Brauerei zu übernehmen und umzubennen in »Müggelschlößchen-Brauerei Wallburg & Jansen«. Als Jansen 1893 ausschied, führte Wallburg die Firma mit seinen beiden Söhnen weiter. Und als auch Vater Wallburg aus der Firma austrat, wurde der Braumeister August Pauli neuer Partner im Unternehmen. Daher der neue Firmenname: »Brauerei Müggelschlößchen Wallburg & Pauli«.

Soviel zur Vorgeschichte jener Brauerei, die heute unter dem Namen »Berliner Bürgerbräu GmbH« firmiert. Denn ehe sie seit 1992 wieder in Privathände überging, nahm sie doch eine für die

damalige Zeit ungewöhnliche Entwicklung. Seit 1896 bestand nämlich in Berlin die »Einkaufsgenossenschaft des Verbandes der Gast- und Schankwirte von Berlin und Umgebung«, die mit der ehemaligen Aktienbrauerei Hohenschönhausen einen Bierlieferungsvertrag geschlossen hatte. Nach diesem wurde den Mitgliedern der Genossenschaft auf jeden Hektoliter (zum Vergleich: ein Hektoliter entspricht 500 kleinen Bierchen) entnommenen Bieres 1,50 Mark gutgeschrieben. Das dergestalt angesammelte Genossenschaftskapital belief sich 1901 auf 34.488 Mark bei einem Mitgliedsstand von 131 Genossenschaftlern. Doch der mit der Brauerei Hohenschönhausen abgeschlossene Vertrag lief am 1. September 1901 aus. Deshalb beschäftigte sich die Einkaufsgenossenschaft schon lange mit Überlegungen, sich mit der Gründung einer eigenen Brauerei selbständig zu machen. Doch bei dem letztlich geringem Kapital war nicht an einen Brauereineubau zu denken.

Die Herren Wallburg und Pauli erhielten Kenntnis von den Überlegungen und boten – aus welchen Gründen auch immer – an, ihre Brauerei zur Verfügung zu stellen und sie in eine Genossenschaftsbrauerei umzuwandeln.

Die Übernahme erfolgte am 1. September 1901 und ging mit mancherlei Umgestaltungen und Vergrößerungen der Brauerei einher: mit dem Bau eines neuen Sudhauses mit Doppelsudwerk, dem Einbau einer neuen Dampfmaschine mit zwei Eiskompressoren und einem neuen Dampfkessel. Der Bierabsatz belief sich im ersten Geschäftsjahr auf 16.241 Hektoliter und lag damit weit hinter den Erwartungen. Ursache dafür war offensichtlich die unbeständige und ungleichmäßige Qualität des Bieres. So ging der alte Braumeister, und 1903 kam ein neuer. Neue Besen kehren gut, sagt ein Sprichwort. Und schon bald erfreuten sich die Produkte aus der ersten Genossenschaftsbrauerei allgemeiner

Beliebtheit, und im Februar 1904 wurde dem Bier immerhin auf der Kochkunstausstellung in Berlin ein Ehrenpreis verliehen.

1906 wurde eine zweite Braustätte in Stralau eingerichtet, was den Kauf eines großen Dampfers für den Biertransport erforderlich machte.

Die Genossenschaftsbrauerei nahm eine erstaunliche Entwicklung. 1908 wurde gar eine eigene Sparkasse für die Bierabnehmer gegründet.

Mit Hilfe der dadurch erzielten Spareinlagen wurden Erweiterungsbauten für die Brauerei möglich.

Im August 1912 ist erstmals der Umsatz von 100.000 Hektolitern überschritten worden. 1913 steigerte sich der Bierumsatz auf 140.000 Hektoliter – trotz einer erheblichen Belastung durch die Biersteuer.

Allein im Jahr 1913 sollen die Abgaben den Firmenauskünften zufolge 565.556,62 Mark betragen haben, was 233 Prozent des Reingewinns der Brauerei ausmachte.

1914 stieg die Steuer sogar auf 292 Prozent. Der Fiskus hat zu damaligen Zeiten offenbar ebenso erbarmungslos zugeschlagen, wie er es heute tut.

*Die Bürgerbräu-Brauerei in
Friedrichshagen (Spreeseite)*

Dennoch wurde die Brauerei auf das angrenzende Villengrundstück ausgedehnt. Um trotz der erheblichen Auswirkungen des Ersten Weltkrieges die Versorgung der Gastwirte und deren Kundschaft sicherzustellen, erwarb die Brauerei zur Erhöhung ihres durch den Krieg begrenzten Sudquantums die Braukontingente von acht inzwischen stillgelegten Brauereien. Die eigentliche Krisenzeit kam für die Genossenschaftsbrauerei erst in den Jahren 1922/23. Schon 1925 erweiterte sie den Betrieb mit einem Kostenaufwand von immerhin 3,5 Millionen Mark, um eine Jahresproduktion von 450.000 Hektolitern zu erzielen. Bei einem gewaltigen Brand im Jahre 1926 wurde ein Großteil der Brauereianlage vernichtet. 1935 wurde die Genossenschaftsbrauerei zerschlagen, ab 30. April 1935 in die »Berliner Bürgerbräu AG« umgewandelt. Nach 1946 entstand daraus eine Sowjetische Aktiengesellschaft, 1949 wurde die Brauerei ein volkseigener Betrieb. 1959 wird die Friedrichshagener Brauerei neben der Ostberliner Kindlbrauerei, der Schultheissbrauerei in der damaligen Leninallee und in der Schönhauser Allee, der Brauerei Bärenquell und der Engelhardtbrauerei in der »VEB Berliner Brauereien« zusammengefaßt. 1964 beginnt die Brauerei ihre Karriere als Exportbierbrauerei, 1969 geht sie ein in das VEB Getränkekombinat Berlin. Als Exportbierbrauerei produziert sie vorwiegend für das Ausland. Berliner Bürgerbräu war in der DDR nur für Insider zu erkennen – an der Nennung des Betriebsteils auf dem Etikett wußte der passionierte Biertrinker, woher sein Bier stammte. Im März 1990 wird nach dem Austritt aus dem Kombinatsverband die »Berliner Bürgerbräu GmbH« als Betrieb der Treuhandanstalt gegründet. Mit dem 27. Februar 1992 wird die GmbH privatisiert, übernommen durch die bayerische Hofmark Brauerei, ein Familienunternehmen mit 400jähriger Brautradition. So sind endlich die Bierländer Bayern und Berlin wiedervereint.

Karamelmalz als Spezialität

Die Engelhardt-Brauerei Aktien-gesellschaft

Die kleine Brauerei, die zur Keimzelle des Unternehmens wurde, befand sich in der Chausseestraße 33. Sie war als obergärige Brauerei in den 60er Jahren des 19. Jahrhunderts gegründet worden und trug ab 1897 den Namen Ernst Engelhardt. Der Kaufmann Ernst Engelhardt und sein Braumeister Rudolf Frömchen betrieben diese Braustätte. Der erwartete Erfolg wollte nicht so recht eintreten, weshalb die Besitzer des öfteren wechselten. 1894 war der Teilhaber und Braumeister Frömchen ausgeschieden, 1897 wurde die Brauerei verkauft und firmierte unter dem Namen »Ernst Engelhardt Nachfolger« weiter. 1902 wechselte erneut der Besitzer, die Brauerei gelangte in die Hände des bisherigen Geschäftsführers Nacher, und statt des obergärigen Bieres wurde Karamelmalzbier erzeugt. Als offene Handelsgesellschaft schien der Brauerei Erfolg beschieden zu sein. Nicht zuletzt haben technische und organisatorische Neuerungen sowie die gute Qualität der Biere die positive Bilanz bewirkt. Als eine der ersten Brauereien Deutschlands führte die Engelhardt-Brauerei die Methode der Pasteurisierung des Malzbieres ein und folgte damit einer Anregung von Prof. Delbrück, seines Zeichens Direktor der Versuchs- und Lehranstalt für Brauereien. Die Pasteurisierung ermöglichte den Flaschenbierbetrieb, da bislang bei den hergestellten Bieren der Gärprozeß noch nicht abgeschlossen war. Es wird angenommen, daß auch die Erfindung des Flaschenpfandes auf die Engelhardt-Brauerei zurückgeht.

Das genannte Karamelmalzbier entwickelte sich zur Spezialität der Brauerei. Von 1903 bis 1905 stieg die Jahresproduktion von 27.000 auf 41.000 Hektoliter an.

1903 erwarb die Engelhardt-Brauerei die Bergbrauerei, ehemals Josty-Brauerei, in der Bergstraße 22 hinzu, um den großen Bedarf an Karamelmalzbier decken zu können. Zwei Jahre später wurde die gesamte Biererzeugung nach Pankow verlegt, wo 1908 neben Karamelmalzbier auch die Herstellung von untergärigem Lagerbier begann. Durch die Fusion mit der Kaiserbrauerei AG entstand eine zweite Engelhardt-Braustätte in Charlottenburg.

Die Brauerei expandierte, auch über die Stadtgrenzen hinaus. In Berlin erwarb die Engelhardt-Brauerei 1917 die 1886 gegründete Viktoria-Brauerei AG in Stralau und übernahm die Berliner Stadtbrauerei, deren Betrieb schließlich doch stillgelegt wurde. Im Jahre 1918 ging das Aktienkapital der Brauerei Oswald AG in der Brunnenstraße auf Engelhardt über. Auch diese Brauerei wurde geschlossen. Im Laufe der Jahre hat die Engelhardt-Brauerei noch eine Anzahl kleinerer obergäriger Brauereien übernommen. Nach dem Zweiten Weltkrieg wurden die im Osten Deutschlands liegenden Betriebsstätten der Engelhardt-Brauerei enteignet. Heute produziert die Schultheiss-Brauerei für Engelhardt, die nur noch ein eigenes Vertriebssystem hat.

Löwe und Adler

*Die
Löwenbräu-
Böhmisches
Brauhaus
Aktien-
gesellschaft*

Die »Löwenbrauerei-Böhmisches Brauhaus AG« ist durch die
Fusion der Löwenbrauerei AG in Hohenschönhausen und der
Böhmischen Brauhaus AG am 1. März 1922 entstanden. Das
1868 gegründete Böhmische Brauhaus, 1910 in eine Aktienge-
sellschaft umgewandelt, wurde damals durch eine Trommelmäl-
zereianlage bekannt, die die erste in Berlin gewesen sein soll. Die
Löwenbrauerei AG firmierte bis 1895 als Kommanditgesellschaft
Brauhaus Hohenschönhausen und wurde in ein Aktienunterneh-
men umgewandelt, um zehn Brauereibetriebe dazuzukaufen.
Darunter 1909 die Feldschloß-Brauerei, dann 1910 die Brauerei
Carlsberg C. Flehinghaus, 1911 kam die Norddeutsche Brau-
haus-AG in Grünau hinzu, 1911/12 die Hansa-Brauerei AG in
Königswusterhausen, 1912 die Phönix-Brauerei AG, vormals
Karl Gregory. Sie war bis 1891 die Adler-Brauerei AG, bis sie der
Braumeister Karl Gregory erwarb, um sie 1899 wieder an eine AG
zu verkaufen. Karl Gregory war Braumeister, der als Geselle viel
in der Welt herumgekommen war. Sein nach Münchener Art
gebrautes Hofbräu und noch mehr sein Pilsener erregten um
1880 große Aufmerksamkeit bei den Berliner Biertrinkern.

Die Aktienbrauerei Friedrichshain

Die Löwen-
brauerei-Böhmi-
sche Brauhaus AG
fusionierte am 1.
März 1920 mit der
Aktienbrauerei
Friedrichshain, die
als Bayerisch-
Bier-Brauerei von
Heinrich Lipps
1847 gegründet
worden war.

Dieser war einer
der Braumeister
bei Hopff, und
zwar von 1839
bis 1842. Die Ak-
tienbrauerei Fried-
richshain hatte in
den drei Jahren von 1915 bis 1918 selbst drei Braustätten hin-
zugekauft, unter anderem 1916 die Berliner Bierbrauerei AG vormals C.W. Hilsebein, die bis 1898 nur als Weißbierbrauerei fun-
gierte.

»In Rixdorf ist Musike«

*Die
Berliner
Kindl
Brauerei*

Wo der eigentliche Ursprung der Berliner Kindl Brauerei liegt, ist schwerlich zu sagen. Die Brauerei hat in den Jahren ihrer Existenz mehrere Braustätten in und um Berlin übernommen, deren Tradition über 600 Jahre zurückreicht. Die Berliner Kindl Brauerei verweist auf das Jahr 1375, in dem der Schöneberger Dorfkrug im Landbuch von Karl IV. erstmals erwähnt wurde. Der Brandenburgische Kurfürst Joachim II. erklärte 1562 den in der Nähe seines Jagdschlosses Schöneberg liegenden Krug samt Landbesitz zum Freigut mit »außerordentlicher Gerechtsame«. Und als das Schloß im Siebenjährigen Krieg gebrandschatzt wurde, befahl der Alte Fritz den Wiederaufbau. Er drohte gar, weil ihm der Wiederaufbau nicht schnell genug vonstatten ging, die dafür zuständigen Kämmerer persönlich mit Maurerkellen nach Schöneberg zu schicken. Das Bier muß also ziemlich überzeugend auf alle bisherigen Herrscher gewirkt haben.

1871 erwarb die »Schloßbrauerei Schöneberg« Krug und Schloß. Deren Ursprung wiederum geht auf die 1867 errichtete Schlegelsche Brauerei zurück, die vier Jahre darauf in die »Schöneberger Schloßbrauerei Aktiengesellschaft« umgewandelt wurde. Sie soll im übrigen damals die erste Brauerei Berlins gewesen sein, die neben dem Faßbier das Flaschenbiergeschäft in größerem Umfang betrieb. 1905/06 lag die Produktion von Faßbier bei 160.000, die von Flaschenbier schon bei 100.000 Hektolitern.

Als Weißbierbrauereien hatten sich um 1900 vor allem die Brauerei Gabriel & Richter in der Lichtenberger Straße 66–71, Weißensee, die Brauerei Gabelsberg in Kreuzberg und die Potsdamer Brauerei W. Senst einen Namen gemacht. Dennoch verdrägte der zunehmende Import der untergärigen bayerischen und fränkischen Lagerbiere zu Beginn des 19. Jahrhunderts die klassische Berliner Weiße, so daß sich Brauer in und um Berlin danach umsahen, die bayerische Brautechnologie selbst anzuwenden. Mit Erlaubnis von Friedrich Wilhelm III. hatten die von ihren Münchner Braustudien zurückgekehrten Potsdamer W. Adelung und A. Hoffmann 1830 die »Actien-Brauerei Potsdam« gegründet, die die bis dahin staatseigenen Braustätten der Königsbrauereien am Fuße des Potsdamer Brauhausberges übernahm. So wurde schon 12 Jahre vor Pilsen, wo 1842 der Vilshofener Braumeister Joseff Groll und sein Brauführer Johann Eisner das bayerische Brauverfahren einführten, in Preußen das erste untergärige Lagerbier gebraut. Zur Tradition und Rezeptur, die das Potsdamer Brauhaus später als Abteilung II in die Berliner Kindl-Brauerei einbrachte, gehörte eine Spezialität: das Potsdamer Stangenbier, das in obergäriger und untergäriger Variante ausgeschenkt wurde. Das Geheimnis des Stangenbiers, das um 1850 in Berlin sehr beliebt war, ist eine raffinierte Mischung aus Lagerbier und Kräusen (Jungbier) gewesen, die der Reife das prickelnde »avec« verliehen. Es wurde in Stangen ausgeschenkt, denn so nannte man die langen zylindrischen Gläser, die den Schaum gut erhalten konnten.

Die bayerische Brauart ließ die Berliner ihre Schwäche für stärkeres Bier entdecken: für Berliner Bockbier. Mit der 1855 gegründeten Happoldt-Brauerei in der Hasenheide erhielt der »Bock« sein Revier. Die Freude am Berliner Bockbier und dessen belustigender Wirkung fand nicht überall Freunde. So ließ das Polizeipräsidium verlauten: »Das Begleiten der Musik mit wüstem Gebrüll oder Gesang, das gemeinsame Absingen von Liedern, Johlen, das Aufschlagen mit Stöcken oder Bierkrügen auf die Tische, das Werfen mit Eiern, das Blasen auf sogenannten Radauflöten und anderer Unfug kann im Interesse öffentlicher Ordnung, Sicherheit und Sitte nicht geduldet werden.« Recht so, kann man da nur sagen!

Am 1. Februar 1872 wird die »Vereinsbrauerei Berliner Gastwirthe zu Berlin AG« mit einem Grundkapital von 1.000.000 Talern in Rixdorf auf dem Rollberg gegründet, der bisher ein idyllisches Dasein mit einigen Windmühlen führte. Rixdorf, das größte Dorf im deutschen Kaiserreich, erhielt 1899 Stadtrecht (und wurde 1912 in Neukölln, mit 200.000 Einwohnern, umbenannt). Ab 19. Juli 1873 konnte dann, obwohl der Bau noch nicht fertiggestellt war, der erste »Anstich« gefeiert werden. Aus dem Geschäftsbericht, mit dem der Aufsichtsrat einer außerordentlichen Aktionärsversammlung den ersten Ausschank vermeldet, ist folgendes Zitat überliefert: » ... wir, die wir die eigentlichen Bedürfnisse des Gastwirthes kennen, des Mitgliedes zwischen dem Producenten und Consumenten, wir werden sicherlich darauf bedacht sein, ihn zu befriedigen, wir werden demselben die Abnahme unseres Productes durch Coulance, durch Darbietung von Einrichtungen für bequemes Abholen, Aufbewahren, Sicherheit der Lieterung etc., überhaupt durch Eingehen auf seine berechtigten Wünsche erleichtern, und sind überzeugt, daß sich zwischen ihm und uns ein rascher, lebhafter und ständiger Verkehr entwickeln und halten wird, für beide Theile fruchtbringend.«

Stimmung auf dem Bockbierfest

Ein bewundernswertes Geschäftskonzept, das aufzugehen schien: Von 1894 bis 1897 stieg die jährliche Bierproduktion immerhin um 70 Prozent. 1879 wird die Braustätte zunächst in »Vereinsbrauerei Rixdorf AG« umgewandelt. Um die Jahrhundertwende avanciert sie zur drittgrößten Brauerei in Berlin. Berliner Kindl, die bekannteste Biersorte der Rixdorfer, wurde zum Mar-

kenzeichen der Brauerei. 1910 erhält die Vereinsbrauerei den Namen »Kindl Brauerei AG«.

Nach dem Ersten Weltkrieg mußten viele Brauereien erhebliche Rückgänge im Brauereigeschäft hinnehmen. Daher schloß sich auch die Schöneberger Schloßbrauerei der Kindl-Brauerei an, die heute als Abteilung II der Kindl-Brauerei fungiert.

Bereits in den 30er Jahren wurde dort ein Verfahren zur Entkeimung des Bieres durch Filtration des kalten Bieres angewendet, ohne das die Flaschenbierproduktion in diesen Ausmaßen auch heute nicht denkbar wäre.

Zur Kindl-Brauerei kamen unter anderem noch hinzu: die 1868 gegründete Deutsche Bierbrauerei AG Pichelsdorf bei Spandau, die 1871 gegründete Brauerei Königsstadt AG Berlin, die 1872 in Potsdam gegründete Brauerei Franz Lamm sowie die 1873 in Potsdam gegründete Brauerei der Gebrüder Hoffmann, die 1873 gegründete Brauerei Gabriel & Jäger Weißensee und die 1872 gegründete Lagerbierbrauerei C. Habel in der Skalitzer Straße.

Während der Bierausstoß 1875 bei 34.849 Hektolitern lag, 1930 auf 916.683 Hektoliter gestiegen war, erreichte er 1970 fast die Millionen-Grenze mit 904.926 Hektolitern.

Als 1930 das neue Sudhaus der Kindl-Brauerei als das schönste Europas gefeiert wurde, konnte keiner ahnen, daß 15 Jahre später, am Ende des Zweiten Weltkrieges, riesige Löcher und nur noch Reste des Mosaikfußbodens an die weltberühmte Pracht

Berliner Kindl
Pilsner Art
Vereinsbrauerei Rixdorf

Das Wasser gibt den Ochsen Kraft.
Dem Menschen Bier und Rebensaft.
(Vereinsbrauerei Rixdorf 1906)

*Das moderne Sudhaus
der Berliner Kindl Brauerei,
Braustätte Schöneberg*

erinnern würden. Inzwischen, seit der »Wende«, gibt es die Kindl-
Brauerei in Potsdam wieder, und zwar in Form der Übernahme
von »Rex-Pils«, jenes in DDR-Zeiten heißbegehrten Exportbiers.
Immerhin flossen 1992 allein 94 Prozent der von Kindl selbst
finanzierten Investitionen nach Potsdam.

Zu den bekanntesten Kindl Restaurationen zählten um 1900:
der auf das 16. Jahrhundert zurückgehende »Rollkrug«, die »Letzte Instanz« in der damaligen Sperlingsgasse und der »Nußbaum«
auf der Fischerinsel, heute im Nikolaiviertel zu finden.

Feste auf dem Tempelhofer Berg

Die Patzenhofer-Brauerei

1855 gründete der Bauernsohn Georg Patzenhofer aus München in der Neuen Königstraße (etwa dort, wo heute die Hans-Beimler-Straße verläuft) eine Brauerei, nachdem er jahrelang als Braumeister in der Brauerei der Berliner Hasenheide gearbeitet hatte. Patzenhofer soll als erste Brauerei in Berlin dunkles Bier nach Art der Nürnberger, Erlanger und Culmbacher gebraut haben.

In den 60er Jahren wurde die Brauerei durch das Grundstück in der Papenstraße 20/21 erweitert, eine Mälzerei und ein Sudhaus wurden errichtet und Platz für Keller fanden sich auf der dem Friedrichshain gegenüberliegenden Anhöhe Friedrichshöhe. Dort existierte bis dato die Kellerei eines kleinen Brauereibesitzers, die Patzenhofer erwarb und ausbaute. Im Sommer, wenn nicht gebraut werden konnte, wurde der Bierausschank in den Brauhof und in das kühle Sudhaus verlegt. So konnten die zahlenden Zecher in aller Stille Maischbottich und Braupfanne beschauen.

1871 wurde die Brauerei Patzenhofer von einer Aktiengesellschaft übernommen und zwei Jahre später, 1873, durch Anlagen in der Landsberger Allee erweitert. Direktor Goldschmidt, der von der Reichsregierung zum Sachverständiger für die Brauindustrie und zum Mitglied der Deutschen Kommission für die Ausstellung in Philadelphia ernannt worden war, wurde 1876 Leiter der Brauerei. Goldschmidt konnte so Erfahrungen in den damals schon weiter fortgeschrittenen amerikanischen Brauereien sammeln, die er dann bei der Umgestaltung seiner kleinen Brauerei verwendete. Direktor Goldschmidt gehörte unter anderem auch dem Reichstag sowie dem Preußischen Abgeordnetenhaus von 1881 bis 1893 an und war auch Vorsitzender der Versuchs- und Lehranstalt für Brauerei.

1876 wurde der Grundstein für ein neues Sudhaus an der Landsberger Allee gelegt und eine Reihe von Verbesserungen eingeführt, die in Deutschland zu jener Zeit relativ unbekannt waren. Das sorgte für einen steigenden Absatz. 1882 wurden bereits 109.400 Hektoliter Bier gebraut. Das Stammhaus in der Papenstraße wurde nur noch für Mälzereizwecke und für den Ausschank

benutzt, ehe das Haus in der Berliner Alt-stadt 1886 der Erweiterung der Straßen zum Opfer fiel (was sogar heute noch zu sehen ist).

1897 hatte die Patzenhofer-Brauerei die Leuesche-Brauerei in Spandau übernommen, 1900 mit der Aktien-Brauerei Moabit und 1917 mit der Berliner Bock-Brauerei AG auf dem Tempelhofer Feld fusioniert. Die Bock-Bier-Brauerei gilt als die älteste Baye-risch-Bier-Brauerei in Berlin. Hopff, der 1838 die Brauerei auf dem Tempelhofer Berg gegründet hatte, war eben derjenige, der als erster Bayerisch-Bier gebraut haben soll. Berühmt sollen sie gewesen sein, die Bockbierfeste.

Übrigens hatte auch die Patzenhofer-Brauerei eigene Aus-schankstätten: in der Landsberger Allee 24–27, am Moritz-Platz, in der Leipziger Straße 136 (Königsgarten), in der Friedrichstraße 71 (Patzenhofer Bierhallen), der Rosenthaler Straße 4 und der Potsdamer Straße 123 a.

Zeitung gratis

*Die
Schultheiss-
Brauerei*

Die Schultheiss-Brauerei gehört nicht nur zu den bekanntesten, sondern auch zu den ältesten Brauereien Berlins. Mehr als ein Drittel der in der Hauptstadt getrunkenen Biere stammt aus dem Hause Schultheiss. Viele ehedem in Berlin berühmte Brauereien gingen in ihr auf; und nur ab und zu erinnert noch der Name einer Altberliner Kneipe an diese ehemaligen Braustätten.

Gegründet wurde die Schultheiss-Brauerei im Jahre 1842 von dem Apotheker August Heinrich Prell, der auf dem Grundstück in der Neuen Jakobstraße 26 auf dem Besitztum seines Schwiegervaters, des Destillateurs Claude, eine Lagerbierbrauerei errichtete und den Hauskeller als Gähr- und Malzräume verwendete. Die Brauerei erreichte schon bald eine Jahresproduktion an Bier von 1.250 Hektolitern. Zur Erweiterung der Brauerei übernahm Prell zudem das Grundstück an der Schönhauser Allee 39, direkt vor dem Schönhauser Tor. 1841 war die damalige Pankower Chaussee in Schönhauser Allee umbenannt worden, ab 1860 begann die Wohnbebauung.

1853 jedenfalls erwarb Jobst Schultheiss erst einmal die Brauerei. Zusammen mit dem Braumeister Johann Mathias Beck erdachte er vielfältige Aktivitäten, um die Bierproduktion bis 1863/64 auf 10.000 Hektoliter zu steigern. Besonders beliebt machte er das Schultheiss-Bier dadurch, daß in der Neuen Jakobstraße 26 ein eigenes Ausschank-Lokal mit Zapfen von Schultheiss-Bräu entstand. Die Geheimräte des Viertels fanden an den somit möglich gewordenen allabendlichen Sitzungen in dieser Bierstube, in der ihnen sogar ein eigenes Zimmer vorbehalten war, offensichtliches Wohlgefallen.

Der Name Schultheiss blieb, als die Brauerei 1864 an den Kaufmann Adolph Roesicke verkauft wurde, der die Leitung der Brauerei seinem Sohn Richard übertrug. Dieser führte das Unternehmen bis zu seinem Tode 1903. Zwischen 1864 und 1867 wurde die Braustätte in alter Weise fortgeführt. Was dann folgte, war in Berlin ein nahezu epochemachender Übergang vom Handbetrieb zur Anwendung der Dampfkraft. Die Brauerei entwickelte sich dadurch vom einem Handwerksbetrieb zum maschinellen Brauerei-Großbetrieb. Damit einher ging die Verlegung des Hauptsitzes der Brauerei in die Schönhauser Allee. Auf dem beinahe trapezförmigen Grundstück an der Ecke Schönhauser Allee/Sredzkistraße/Knaackstraße entstand 1891 ein Industriebau der Schultheiss-Brauerei nach den Plänen des Berliner Baurats Franz Schwechten. Hierher kam die Abteilung I, vier Brunnen mit einer Tiefe von 60 bis 90 Metern lieferten um 1900 150 Kubikmeter Wasser zum Brauen. Schon aus der Ferne lenken die imposanten Gebäude auch heute noch Blicke auf sich durch den hochragenden, von einem steilen und schlanken Pyramidendach gekrönten

vierseitigen Turm. Auf dem 25.000 Quadratmeter großen Grundstück ist einer der markantesten Bauten Berlins entstanden, der heute durch eine funktionale Mischung aus Wohnen, Dienstleistung, Gewerbe, Kommune und Kultur als »Kulturbrauerei« genutzt werden soll.

Am 27. Mai 1871 wurde der Familienbetrieb der Schultheiss-Brauerei in eine Aktiengesellschaft umgewandelt. Bis 1891 jedenfalls war die Schultheiss-Brauerei die einzige Braustätte in der Schönhauser Allee; im gleichen Jahr wurde sie durch den Erwerb der 1857 gegründeten »Berliner Brauerei Gesellschaft Tivoli AG« erweitert. Der Tivoli-Park mit dem Tivoli-Theater auf dem Kreuzberg vor dem Halleschen Tor war bei den Berlinern in der Mitte des 19. Jahrhunderts sehr beliebt. Bei einem Brand wurden das Theater und große Teile des Parks zerstört. Um die Gastwirtschaft im Tivoli-Park wiederzubeleben, wurde am 28. Juni 1857 die »Berliner Brauerei Gesellschaft Tivoli« gegründet. Sie belieferte fast den gesamten Süden mit Flaschenbier, war sozusagen darauf spezialisiert. Die Flaschen verfügten über einen eingegossenen Namenszug. Ab 1890 erhielten auch die Schultheiss-Flaschen ein derartiges Signum. Auf dem Gelände der ehemaligen Tivoli-Brauerei in der Methfesselstraße in Kreuzberg entstand mit dem Kauf der Braustätte die Abteilung II der Schultheiss-Brauerei, wo die Produktion nunmehr zugunsten der Braustätten in Berlin-Weißensee und in Frankfurt/Oder eingestellt werden soll. Auf dem Gelände ist neben einem Erlebnispark eine Hausbrauerei geplant.

Die ehemalige Schultheiss-Brauerei an der Schönhauser Allee

1892 war die Schultheiss-Brauerei ein solch großes Unternehmen, daß eine eigene Druckerei für Geschäftsformulare und vor allem für die Zeitung, den »Schultheiss-Boten«, der in einer Auflage von 3 000 Stück erschien, geschaffen wurde. Ab April 1893 erschien zugleich eine Bierzeitung, deren 15.000 Exemplare gratis verteilt wurden.

1896 kam zur Schultheiss-Brauerei eine weitere hinzu: Die Herzögliche Brauerei »Zum Waldschlößchen« in Dessau, die sich bis 1877 in Besitz der Familie Roesicke befand. Sie wurde zur Abteilung III der Berliner Brauerei. Im Jahr 1898 expandierte die

Schultheiss-Brauerei nochmals durch den Erwerb der »Borussia-Brauerei AG« in Niederschöneweide.

Ursprünglich hatte der Kaufmann Max Meinert auf dem Grundstück in Niederschöneweide eine Kohlenhandlung mit angeschlossener Brikettfabrik betrieben. 1888 aber mußte er aus Rentabilitätsgründen die Fabrik aufgeben und eröffnete auf dem Gelände eine Brauerei. Sechs Jahre später, im April 1894, veräußerte er diese an den Kaufmann Otto Hewald, der nur vier Jahre Besitzer der Brauerei war. Durch den Kaufvertrag vom 17. September 1898 ging die Borussia-Brauerei als Abteilung IV zur Schultheiss-Brauerei über. 1949 erfolgte die Umwandlung in einen volkseigenen Betrieb. 1955, so wird erzählt, soll auf Beschluß der Belegschaft die Brauerei in »Bärenquell-Brauerei« umbenannt worden sein. Nach dem Zusammenschluß der Ostberliner Brauereien und der Kombinatsgründung entschied die Belegschaft im April 1990, sich als GmbH weg vom Kombinat hinein in die Marktwirtschaft zu begeben. Mit dem Erfolg, daß ein Jahr später die Henniger-Bräu AG Frankfurt/Main die Bärenquell-Brauerei GmbH von der Treuhand erwarb, womit sie nunmehr zur März-Gruppe gehört.

Die Gebäude der Schultheiss-Brauerei in der Neuen Jakobstraße wurden zunächst als Mälzerei weiter genutzt, bis nach Erreichen eines jährlichen Bierabsatzes von 25.000 Hektolitern in Pankow eine neue Malzfabrik entstand. 1903 wurde die Malzfabrik Luisenhof bei Potsdam gepachtet. 1904 zog die Zentrale von Schultheiss in die Nähe des Königsplatzes, von wo man einen guten Blick auf den Reichstag hatte. Die Bierproduktion in jenen Jahren war auf eine Million Hektoliter gestiegen, 1907 gar auf 1.231.504 Hektoliter, die Hälfte davon Flaschenbier. Nach eigenen Angaben soll die Brauerei im Jahre 1910 284 Beamte und 2.500 Arbeiter beschäftigt haben. Zum Fuhrpark gehörten 1010

Pferde, 888 Faß- und Flaschenwagen, acht Automobillastwagen, und eigens für den Transport zwischen Fürstenwalde, Niederschöneweide und Potsdam auf dem Wasserweg wurde der Doppelschraubendampfer »Martha« gebaut. Das 48 Meter lange und 6,5 Meter breite Schiff war eines der größten Spreeschiffe. Es konnte 135.000 Kilogramm Malz in Säcken und 30.000 Kilogramm Bier in Fässern laden.

Im Februar 1914 fusionierte die Schultheiss-Brauerei mit der »Berliner Unions-Brauerei«, deren Sitz sich seit ihrer Errichtung im Jahre 1863 in der Hasenheide 20–31 befand. 1917 übernahm Schultheiss die Spandauer-Berg-Brauerei, vormals C. Bechmann AG, in der Neuendorferstraße 27/28 in Spandau, heute ein Betriebsteil von Schultheiss.

Vor dem Ersten Weltkrieg hatte es die Schultheiss-Brauerei auf 109 Niederlassungen in ganz Deutschland gebracht.

Berliner Bierkutscher

1919 erwarb die Schultheiss-Brauerei die »Brauerei Pfefferberg«. Die Pfefferberg-Brauerei war 1841 von dem bayerischen Brauer Pfeffer auf dem damaligen Windmühlenberg vor dem Schönhauser Tor errichtet worden. Sudhaus und Kellereianlagen waren recht primitiv. 1861 ging die Brauerei in den Besitz der Firma Schneider & Hillig über. Die Inhaber ließen ein neues Sudhaus errichten, legten neue Gär- und Lagerkeller an. 1887 wurde die Braustätte in die Aktiengesellschaft »Brauerei Pfefferberg, vormals Schneider & Hillig AG« umbenannt und nach der Fusion mit Schultheiss noch einige Zeit bis zu ihrer Stillegung im Jahre 1921 weitergeführt. Sie wurde dann in eine Schokoladenfabrik umgewandelt, war Verwaltungs- und Vermögenseinrichtung und Heeresbäckerei, nach 1945 entstand dort die Druckerei für die SED-Zeitung »Neues Deutschland«. Heute nennt sich das Gebäude »Kulturfabrik Pfefferberg. Förderverein e.V.«. Gemeinsam mit Kunsthandwerkern und Künstlern soll hier ein Zentrum für soziale Beratung und Arbeitsbeschaffung für Jugend und Ausländer, für Behinderte und Arbeitslose, Frauen und Alte entstehen.

1920 kommen dann die Patzenhofer-Brauerei AG und Schultheiss-Brauerei zusammen. Schultheiss bietet nunmehr Patzenhofer Pils als Bier der gehobenen Klasse an.

Die komplizierten wirtschaftlichen Verhältnisse im Ersten Weltkrieg und danach bewirkten, daß nur wenige Brauereien überlebten. Schultheiss-Patzenhofer gehörte dazu!

Übrigens, bei Schultheiss gibt's ein Bier-Museum zu besichtigen. 300 Utensilien der Bierherstellung sind in der Methfesselstraße 28–48 zu finden. Es soll demnächst für die Öffentlichkeit zugänglich gemacht werden.

*Büchsenbierproduzenten
zogen 1993
gegen die »Bärenquell«-
Werbung zu Felde –
allerdings ohne Erfolg.*

**Von
der Stillung
des
Bierdurstes**

*Sicher wird der Mensch nur ungern
Und im höchsten Notfall hungern,
Doch dem Bürger wie dem Fürsten
Fällt weit schwerer noch das Dürsten,
Und aus diesem triff'gen Grund
Macht mein Mund
Jetzt dir kund,
Wo und wie dir wunderhelle
Strömt der Labung reiche Quelle!*

*Setzest deinen Stab du kühn
Wandrer, in die Stadt Berlin,
Triffst du manchmal manch ein Haus,
Wo aus manchem Faß heraus
Rinnt 'ne braune Feuchtigkeit,
Und es sagt mit Leichtigkeit
dir die Ahnung auf einmal:
Ha, dies ist ein Bierlokal!
Und sobald sich dies Geheimnis
Ohne Säumnis
dir erschlossen:
Auf den Sprossen
Klimmst du der Erkenntnis-Leiter*

Immer weiter,
Bis sich alles angenehm und bequem
Fügt zu logischem System,
Und dem Geiste außerdem
Klar wird ohne viel Bemühung
Flugs die tiefere Bierbeziehung:

Wann und wie jedweder Bräu
Bestens dir bekömmlich sei;
Welcher von den Gerstensäften
Morgens mit besondern Kräften
Wirkt bei den Berufsgeschäften;
Welchen mittags man erkürt,
Daß kein Schade wird verspürt;
welcher sich zumeist am Abend
Zeigt für Leib und Seele labend,
Und zu welchem mit Bedacht
Man sich sacht
Schlängelt, wenn es Mitternacht.

Wenn als schlichter Bürgersmann
du nicht weißt: wo fängt man an,
Und vor all der süffigen Fülle
dir entschwindet Macht und Wille:
Folge nur mit rüstigem Mute
Immer meiner Wünschelrute,
Richtig leitet dich die gute
Frisch und froh zu dem Wo,
Bis du selber als Genie
Unbeschränkt beherrschest die
Gerevisiographie!
(Aus: Der lustige Baedecker. Humoristisch-Poetischer Führer
durch Berlin.)

Heimliche Sehenswürdigkeiten: Kneipen in Berlin

Zu Beginn des 19. Jahrhunderts galt Bier immer weniger als Nahrungs- denn als Genußmittel. Und als solches fand die Berliner Weiße zunehmend Gefallen im Volke. Bis 1875 soll das Weißbier der Champion unter den Berliner Getränken gewesen sein. Da Bier nun nicht mehr in fast jedem Berliner Haushalt gebraut wurde, entstanden Schanklokale, in denen Bierschenker das prickelnde, schäumende Getränk ausschenkten. »Im Berlin der schlecht gepflasterten und der mit übel riechenden Rinnsteinen eingefaßten Straßen, mit seinen elenden Brücken und armseligen Häuschen«, schreibt ein Zeitgenosse, »wird fast nur obergäriges Bier getrunken, vor allem das helle, schäumende mit und ohne Strippe als das eigentliche Nationalgetränk der Berliner.« Wer die Weiße als zu labbrig oder zu schwach empfand, nahm noch 'ne »Strippe« dazu, wie ein Gläschen Kümmel hieß. Der Kümmel wurde manchmal zu den Likören gerechnet, manchmal aber auch zu den Branntweinen. Vermutlich ganz so, wie man es eben brauchte. Denn eine Verordnung aus dem Jahre 1827 besagte:

»Bierschänker, sie mögen eine Brauerei besitzen oder nicht, sind als solche zum Ausschank von Branntwein nicht berechtigt.« Den gab's extra, in sogenannten Destillen.

Die Schanklokale befanden sich zumeist im Souterrain der Häuser. Die Inneneinrichtung war schmucklos. In den verräucherten Schankstuben (mit der Entlüftung war man zu jener Zeit noch nicht so weit!) prägten Holztische und -stühle das Ambiente, vorwiegend besucht von männlichen Besuchern. Frauen hatten sich, den vorherrschenden Anstandsvorstellungen zufolge, von solchen Etablissements fernzuhalten, obwohl es faktisch kein Gesetz gab, das ihnen den Besuch verboten hätte. Die Wände zierten sinnige Sprüche wie: »Das Trinken gibt dem Deutschen Kraft. Es lebe hoch der Gerstensaft.«

Seit 1810 war Berlin Universitätsstadt, was dazu führte, daß die Zahl der Studenten, die die Ausschankstuben besuchten, stetig zunahm. Trefflich spottete auch Heinrich Heine über diese neudeutschen Zustände und die Burschenherrlichkeit:

> *Sie philosophieren und sprechen jetzt*
> *von Kant, von Fichte und Hegel,*
> *sie rauchen Tabak, sie trinken Bier,*
> *und schieben auch manchen Kegel.*

Die Kneipen allerdings besaßen einen schlechten Ruf, wurden oft gleichgestellt mit Armut und Verbrechen. 1830 untersagte deshalb der Hohe Akademische Senat den Besuch anrüchiger Lokale, was dennoch nicht half, die Studenten aus den Kneipen zu verbannen. Im Gegenteil, die Zahl derjenigen, die einen wesentlichen Teil ihrer Studien ins Wirtshaus verlegten, wuchs, was sogar in einem Studentenlied lebhaft beschrieben wird:

> *Ich hab`den ganzen Vormittag in einem fort studirt,*
> *Nun aber sei der Nachmittag dem Bierstoff dedizirt!*
> *Ich geh' nicht eh'r vom Platze heut',*
> *Als bis der Wächter zwölfe schreit!*

Und neben ihrem »Gaudeamus igitur« grölten manche sicherlich auf dem Nachhauseweg auch jenes Lied, das damals Eingang in die Commersbücher fand:

> *Grad aus dem Wirtshaus nun komm ich heraus!*
> *Straße, wie wunderlich siehst du mir aus;*
> *rechter Hand, linker Hand, beides vertauscht,*
> *Straße, ich merke es wohl,*

du bist berauscht.
La la la…

Und die Laternen erst, was muß ich sehn!
die können alle nicht grade stehn,
wackeln und fackeln die Kreuz und die Quer,
scheinen betrunken mir
allesamt schwer…
La la la…

Weißbier wurde von den Brauereien in Kruken, eine Art Steingut-
flasche, ausgeliefert, die mit einem Pfropfen verschlossen waren.
Ein Quart (Flüssigkeitsmaß in Preußen und in Bayern, als engli-
sches Hohlmaß wird ein Quart mit 1,1361 Liter berechnet, als
amerikanisches mit 0,946 Liter) kostete zu jener Zeit zwei Groschen. Billiger zu haben, nämlich für einen Silbergroschen, war
das Weißbier in verdünnter Form – mit Wasser vermischt. Für
fünf Dreier gab es dann die Kleine Weiße.

Die Gläser entsprachen von ihrer Größe her meist dem Inhalt
einer Kruke. Das war klug gedacht, da man sich somit das stän-
dige Nachschenken ersparte. Die zu Beginn des 19. Jahrhunderts vorherrschende Stange, das schmale zylindrische Gefäß,
das den Schaum so gut hielt, wurde ersetzt durch die sogenannte Glaswanne. In Berlin auch als »Klauwiese« bezeichnet, denn
die große Berliner Weiße wurde nach altem Brauch reihum getrunken: jeder, der vom Weißbier trinken wollte, mußte das Glas mit
einem Finger zu sich heranziehen, es mit beiden Händen nehmen, um daraus trinken zu können. Betraten drei Leute eine Weißbierstube und bestellten sich jeder eine kleine Weiße, wußten
alle, daß es Zugereiste waren.

Eine typische Berliner Weißbierstube war Clausing in der Zimmerstraße 8. Aus dem Jahre 1898 stammt folgende Beschreibung: »Die Krone aller Weißbierstuben war Clausings. Ein paar Stunden des Vormittags und von fünf Uhr abends bis in die Nacht stand der freundliche kleine Mann mit der spitzen roten Nase, dem schwarzen Käpsel und der hohen blauen Schürze hinter seinem Schanktisch und goß eigenhändig Hunderte von Weißen ein, die den Tag über hier verzehrt wurden. Nur wenn der Besuch einmal allzu stark wurde, ließ er sich von seinem Hausknechte, der als Kellner aufwartete, ein wenig helfen; diesem überließ er regelmäßig das Geschäft und zog sich in seine inneren Gemächer zurück, wenn einzelne Gäste bis über die Mitternacht festsaßen.

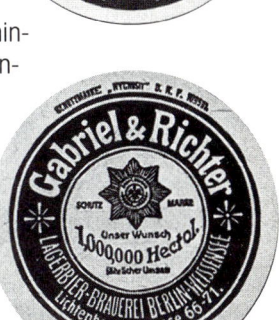

Clausing waltete seines eintönigen und mühseligen Amtes nicht wie ein gelangweilter Schankwirt, sondern wie ein Künstler, der sich des Gelingens seiner Werke freut. Das niedrige weite Glas ... spülte er zuerst etwas mit Wasser, nicht um es zu reinigen, das war des Hausknechts Sache, sondern um die bevorstehende Schaumentwicklung zu mäßigen. Nachdem er mit

Kunstgriffen die doppelte Verschnürung von den Pfropfen der Steinkruke gelöst und diesen entfernt hatte, hob er die Kruke bis zur Augenhöhe und goß langsam ein, während er das Glas in der linken Hand fortwährend um seine Achse drehte. War das Glas ohne Aufrühren des Bodensatzes erfüllt, so prüfte er den Inhalt gegen das Licht; fand dieser, was sehr selten vorkam, seinen Beifall nicht, so ward er zurückgesetzt. Überzeugte er sich, daß das Kunstwerk … würdig ausgefallen war, so warf er ihm noch einen Liebesblick nach, indem er es dem Kellner zur Weiterbeförderung aushändigte oder bevorzugten Gästen persönlich überreichte.

Wenn in der Küche nichts zu tun war, erschien Mutter Clausing, eine dicke vergnügte Frau, machte den Stammgästen ihre Reverenz und betrachtete schmunzelnd die blühende Nahrung.

Nach Vollendung der Schularbeiten… kauerte am Schanktisch ein Töchterchen, dem die besondere Pflicht oblag, aus der großen Anisflasche den alten Mechanikus Linde auf dem Laufenden zu halten, der den Abend zwar nur eine halbe Weiße, aber ein Dutzend kleine Schnäpse zu sich nahm …

Es war eine Freud mitanzusehen, mit welchem Behagen der Mensch bei Clausing nicht sowohl seinen Durst stillte – denn dazu hätten kleinere Kruken genügt –, als vielmehr seinen Bauch füllte. Da gab es keine Ausgelassenheit, aber auch keinen Mißvergnügten. Denn von dem Jahr aus, Jahr ein verschütteten Bier, dem Tabakrauch, den auf dem Fußboden ausgeklopften und ausgegossenen Pfeifen quoll einem ein Duft entgegen, an den man sich gewöhnt haben mußte, um ihn nicht unerträglich zu finden.«

Den eigentlichen Aufstieg nahmen die Berliner Kneipen erst in der zweiten Hälfte des 19. Jahrhunderts. Die Bevölkerung wuchs, es fehlte an Wohnraum, und so wurde die Kiezkneipe häufig zum Ersatz für das fehlende Wohnzimmer. Gleichzeitig, so heißt es in damaligen Berichten, begannen die Straßen nachts lebendiger zu werden. In dieser Zeit entstanden in Berlin neue Biertempel, die an die Trinkstuben des 16. und 17. Jahrhunderts erinnerten. Geschickte Maler stellten ihr Talent bereitwillig zur Verfügung und schmückten Decken und Wände mit ihren Kunstwerken. Nun konnte man zunehmend auch Frauen in den Bierlokalen treffen, was dem Umstand geschuldet war, daß die Bierstuben hygienischer und ästhetischer geworden waren – was den Männern nie den Aufenthalt in ihnen zu verleiden vermocht hatte. Es soll gar der gesellige Ton in den Kneipen durch die Anwesenheit von Frauen gehoben worden sein. Die Gegner der Frauenanwesenheit aber stimmten Klagelieder an: Daß die Frauen dem ihnen natürlichen Platz am häuslichen Herd zu sehr entzogen würden und diese Gefahr liefen, manches von den Vorzügen der Weiblichkeit abzustreifen. Dessen ungeachtet begannen immer mehr Frauen, sich die Kneipen Berlins zu erobern. Ein vorsichtiger Ansatz von Gleichberechtigung, die der Autor Sigmund Haber bereits 1871 mutig auf die gesamte Gesellschaft ausdehnte: »Beim Biere sind alle Menschen einander gleich. Keiner kann für das Seidel mehr oder weniger bezahlen als der Andere, und wenn wirklich Jemand aus angemaßter Noblesse Selterswasser trinkt, dann

hat das für die übrigen Gäste immer noch nichts Demüthigendes. Es giebt nur ein Getränk, und das kostet sechs Dreier. Dem Wirth gelten alle Gäste dasselbe, und wenn er dem einen, welcher zehn Seidel trinkt, einen freundlicheren guten Abend wünscht, als dem, der nur zwei verträgt, so ist das eben eine Anerkennung, welche er dem persönlichen Verdienst zollt. Ganz anders ist das in der Weinstube.« (»Tingel-Tangel. Berliner Kneipenstudien«)

Eine besondere Tradition im Berlin der Stehbierhallen und Bier-
paläste besaßen die Ausschanklokale der Berliner Brauereien.
Biergärten waren bereits mit der Gründung der Brauereien entstanden, die untergäriges Bier (also die bayerische Art) vor den
Toren der Stadt herzustellen begannen. Der Berliner Prater beispielsweise ist der letzte noch erhaltene der einstigen Biergärten im
Stadtbezirk Prenzlauer Berg. Er war 1826 auf Veranlassung des
Gutsbesitzers Griebenow angelegt und mit Alleenbäumen be-
pflanzt worden. Denn hier, in unmittelbarer Nähe, hatten sich wegen des guten Wassers die Brauereien Schultheiss, Bötzow und
Pfefferberg angesiedelt, die zunächst vielfach den Bierausschank
in Gärten betrieben, später in Saalbauten, die gleichzeitig als

Ballsäle und Versammlungsräume dienten. Der Berliner Prater geht auf den Bierausschank von 1840 zurück. Den Namen trägt das ehemals »Singende Café« der Familie Kalbo seit 1869: Im Vergleich zum Wiener Prater war er als eine ironische Anspielung auf die bescheideneren Berliner Verhältnisse zu verstehen.

1914: Die Pferdemusterung
für den Krieg verschonte auch Kindl nicht.

Einer Einschätzung jener Zeit zufolge, gab es zweierlei Biergärten: »Solche, die Gärten sind, vor den Thoren liegen oder doch
Bäume und freie Luft haben, und solche, die im Grunde nur Bastardgärten sind, ursprünglich ganz gemeine Haushöfe, in deren
Sandböden man ein paar kleine Kastanienbäume gesteckt hat.«

Der »Nußbaum« 1945

Auch gibt es nähere Beschreibungen derartiger Bastardgärten: »Lieber Himmel, eine Gartenwirtschaft ist ja so leicht hergestellt. Wo vor dem nichts war als Sand und Schutt, stehen auf einmal vierundzwanzig bis fünfundzwanzig Bäume, die zusammen bisweilen über hundert Blätter haben. Zu den Bäumen kommen einige Laternenpfähle, die sich von ersteren dadurch unterscheiden, daß sie so gar keine Blätter entwickeln. Aus dem Boden wachsen grüne Stühle und Tische. Die letzteren entwickeln eine Art Blüte, indem sie sich mit rotgemusterten Tüchern bedecken. Dann schießen unter den Bäumen Kellner empor, welche Servietten unter dem Arm haben und trinkgeldsüchtig um sich blicken. In ihren Händen entfalten sich bei zunehmender Wärme Speisekarten, deren verlockensten Teil grüner Aal mit Gurkensalat und neuer Hering mit neuen Kartoffeln bildet. Dann fehlt nur noch, daß das Publikum in den neueröffneten Biergarten einströmt. Der Berliner ist sehr anspruchslos in manchen Dingen; ihm gilt schon als Garten, wofür man anderweit nur die Bezeichnung Wüstenei gebrauchen würde. Wenn er nur an einem Ort sitzt, wo es stark zieht, sagt er schon: Wie wohl ist einem im Freien! Fällt ihm eine Raupe ins Bier, nachdem sie das letzte oder vorletzte Blatt des Baumes, unter dem er sitzt, abgefressen hat, so macht er die Bemerkung: Nun wird es mit Macht Frühling! Ist der Kalbsbraten der Art, daß man ihn schon aus einiger Entfernung wahrnimmt, so ruft der Berliner vergnügt: Kinder, jetzt ist es Sommer!«

An Biergärten in der Stadt gab es beispielsweise das Münchner Brauhaus in der Johannisstraße, den Admirals-Garten in der Friedrichstraße nahe der Weidendammer Brücke, Schmelzer und den Königsgarten in der Leipziger Straße sowie den Alexander-Garten in der Alexanderstraße.

Als erster Bierpalast war im Jahre 1882 das Bierhaus »Zum Franciskaner« in den S-Bahnbögen beim Bahnhof Friedrichstraße entstanden. Im Gegensatz zu älteren Bierhallen war dieser aufwendig gestaltet, ähnlich auch der 1888 eröffnete Bierpalast »Pschorr-Bräu« an der Ecke Friedrichstraße/Behrenstraße. Sie entwickelten sich zur erheblichen Konkurrenz zu Aschinger, denn die Gebrüder Carl und August Aschinger, Söhne eines kleinen württembergischen Bierbrauers, hatten 1882 ihre erste »Bierquelle« in der Neuen Roßstraße eröffnet und von dort ein ganzes Netz von Bierquellen über die Berliner Innenstadt gespannt. Ihre Taktik beruhte dar-

auf, den zahlreichen Besuchern Essen und Trinken zu niedrigen Preisen und in guter Qualität anzubieten. Dicke bayerische Würstchen kosteten bei Aschinger um 1900 30 Pfennig und das kleine bayerische Bier 10 bis 15 Pfennig. Studenten und andere Hungrige mit wenig Geld schätzen es besonders, daß es zum Essen ein Brötchen gratis gab. Man gewöhnte sich in Berlin schnell an die Art, im Vorübergehen etwas zu sich zu nehmen. Aus den Schnellimbissen und Stehbierhallen haben die Gebrüder Aschinger ein Gaststättenimperium gebaut; 1900 wurde aus der Firma die Aktiengesellschaft »Aschinger Bierquelle«, woraus 1906 die Aschinger-AG entstand. 1930 gab es 23 Bierquellen und 15 Konditoreien, weiterhin 8 Restaurants, darunter das im Funkturm als besondere Attraktion. Baedekers »Berlin und Umgebung« von 1927 empfiehlt noch den Schnellimbiss Aschingers. Auf dem

Kurfürstendamm ist heute unter dem Namen eine Gasthausbraue-rei zu finden.

Daß in Berlin die ganze Nacht gezecht werden darf, verdankt die Stadt nicht etwa ihrem besonderen politischen Status in der Zeit von 1961 bis 1989. Nein, Heinz Zellermayer, Obermeister der Berliner Hotel- und Gaststätten-Innung, hat es bewirkt.

Laut der Alliierten Stadtkommandanten war im Berlin der Nach-kriegszeit um 21 Uhr Kneipenschluß. Im Ostteil der Stadt verleg-ten die Sowjets die Sperrstunde listig um eine Stunde, auf 22 Uhr. Den einsetzenden Massenexodus gen Osten konnten die Westal-liierten wiederum nicht ertragen und rüsteten ebenfalls nach. Prompt legten die Russen bei den Ost-Wirten noch eine Stunde drauf. Schließlich holte man im Westen zum süffisanten Erst-schlag aus: Heinz Zellermayer unterbreitete den Westalliierten den Vorschlag, die Sperrstunde für die Westsektoren total aufzu-heben. Der amerikanische General Howley ließ sich zunächst für 14 Tage auf ein derartiges Experiment ein, welches mehr oder minder glückte. Am 15. Dezember 1949 wurde dann die »Poli-zeiverordnung betreffend die zweite Änderung der Polizeiverord-nung über die Polizeistunde für Gast- und Schankstätten« endgül-tig beschlossen. Am 8. Januar 1950 trat sie offiziell in Kraft. Die Sperrstunde wurde zwar nicht gänzlich ausgesetzt, jedoch auf den Zeitraum zwischen fünf und sechs Uhr morgens begrenzt. Aber das dürfte wohl kaum ins Gewicht fallen. Und somit gilt in Berlin die deutsche Besonderheit: Trinken bis zum Abwinken – rund um die Uhr.

**Bier, mäßig genossen,
schadet selbst in großen
Mengen nicht.**

Kneipentips

Da Kneipen in der Regel viel über eine Stadt aussagen, hier ein paar Tips für einen Kneipenbummel durch das Berlin unserer Tage.

In der Stadt exisieren aber ungefähr 6.000 Kneipen. Wollte man ununterbrochen alle jeweils einen Abend, werktags wie sonn- und feiertags, aufsuchen und nur ein kleines Bierchen trinken, bräuchte man dafür mehr als 16 Jahre und müßte mindestens 1.200 Liter Bier konsumieren. Also beschränken wir uns auf eine kleine, freilich subjektive Auswahl:

> Wasser, edle Himmelsgabe,
> sei gepriesen für und für;
> aber meine höchste Labe
> ist und bleibt ein Tröpfchen Bier.

Im Rixdorfer Bräuhaus

Rixdorfer Bräuhaus

Hier wird selbst gebraut, nämlich das »Luisen-Bräu«, dazu gibt's
deftige Hausmannskost wie Buletten, Leberkäse, Bratwurst und
sonstiges. Die Lokalität entstand auf dem Gelände einer ehemaligen Eisengießerei. Die ehemalige Jugendstil-Fabrikantenvilla
wurde mit historischem und nachempfundenem Kneipenmobiliar
ausgestattet. Im Sommer lädt ein wunderschöner Biergarten unter
Birnbäumen und Weinreben zur Molle oder Berliner Weißen mit
Schuß ein.

Geöffnet:
Dienstag bis Samstag von 12 bis 1 Uhr, Sonntag von 10 bis
23 Uhr, Montag Schließtag
Glasower Str. 27, 12051 Berlin-Neukölln, Tel. 626 88 80
Verkehrsverbindung:
U7 bis Grenzallee oder Bus 177

Marinehaus

Das Haus, in dem das heutige Marinehaus sein Domizil fand, war um 1900 Sitz der alten Berliner Schiffahrtsbehörde. Zu jener Zeit war die Dampferanlegestelle an der Jannowitzbrücke wesentlich besser ausgebaut als heute. Von dort fuhren die Vergnügungsdampfer nach Treptow oder auch zum Müggelsee ab. Am gegenüberliegenden Ufer gab es sogar einst eine Badeanstalt. Heutzutage kann man ab hier historische Schiffsfahrten oder eine Fahrt unter Berlins Brücken erleben.

1918/19 hatte sich im Hause kurzzeitig der Stab der Volksmarinedivision einquartiert. Bis 1944 hieß die Kneipe dann Marinestube. Im Kneipeninnern prägen viele maritime Stücke das Ambiente, angefangen von Fischernetzen bis hin zu einem originalen Steuerrad eines ausgemusterten Elbdampfers, allesamt Sammelstücke, die der Wirt des Marinehauses zusammengetragen hat.

Geöffnet:
täglich von 12 bis 24 Uhr
Märkisches Ufer 48, 10179 Berlin-Mitte,
Tel. 279 32 46
Verkehrsverbindung:
U8 oder S3,5,6,7,9,75 bis Jannowitzbrücke
oder Bus 147

Zwischen Leber und Milz
paßt immer noch ein Pils.

Wenn das ganze Meer Bier wär,
möcht ich ein Fischlein sein,
ich schlürfte Wellen nur ein.

Marinehaus

Alt-Cöllner Schankstuben

Weit und breit hochgeschossige Plattenbauten, und mittendrin alte Wohnhäuser. In einem davon befindet sich diese Kneipe. Dicht am Ufer der Spree, in unmittelbarer Nähe der Getrauden-brücke, knüpft die Bierkneipe an Schanktraditionen aus dem 16. und 17. Jahrhundert an. Im Innern dominiert eine dunkle Holztä-felung; Reliefplatten zeigen Darstellungen zur Berliner Geschichte.

Geöffnet:
Montag bis Samstag von 11 bis 1 Uhr,
Sonntag von 10 bis 24 Uhr
Friedrichsgracht 50, 10178 Berlin-Mitte, Tel. 242 59 72
Verkehrsverbindung:
U2 bis Spittelmarkt oder Bus 142

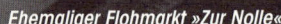
Ehemaliger Flohmarkt »Zur Nolle«

Zur Nolle

Diese Altberliner Kneipe gab es einst im stillgelegten Hochbahnhof Nollendorfplatz, wo gleich nebenan Antiquitäten und Trödel in 16 ausrangierten U-Bahnwagen des Jahres 1920 feilgeboten wurden. Doch das war einmal. Berlin wurde vereint, auch verkehrstechnisch, und so mußte der Flohmarkt dem U-Bahnhof Nollendorfplatz weichen. Die »Nolle« gibt's aber trotzdem noch. Gleich am ersten S-Bahn-Bogen (Nr. 203) an der Friedrichstraße. In den S-Bahn-Bögen gibt's all das, was früher auch am Nollendorfplatz zu besichtigen war. Nur noch ein bißchen schöner.

Geöffnet:
täglich von 11 bis 24 Uhr
S-Bahnbogen Nr. 203, 10117 Berlin-Mitte,
Tel. 208 26 55
Verkehrsverbindung:
S- und U-Bahnhof Friedrichstraße

Deponie Nr. 3

So heißt eine relativ junge Bierkneipe in der Georgenstraße, die sich in einem der ausgebauten S-Bahn-Bögen zwischen Friedrichstraße und Hackeschem Markt befindet. Einst sollen die Räume als Panzergarage benutzt worden seien, denn dort befand sich die NVA-Kaserne »Friedrich Engels«. Friedrich Engels hat dort als »Einjährig-Freiwilliger« tatsächlich gedient und hospitierte sowohl an der Berliner Universität als in den umliegenden Kneipen. Eröffnet wurde die Altberliner Flair ausstrahlende Kneipe im Dezember 1992.

Das Interieur ist ein Sammelsurium aus verschiedenen Berliner Eck-Kneipen. Holzstühle und Holztische, sogar ein alter Skattisch zieren die Kneipe. Einen Biergarten mit etwa 40 Plätzen gib's im Sommer, ansonsten jeden Donnerstag und Freitag Musik.

Geöffnet:
täglich ab 9 Uhr (Open end)
Georgenstr. 1–3, 10117 Berlin-Mitte, Tel. 208 26 69
Verkehrsverbindung:
U6 oder S3,5,6,9 bis Friedrichstraße
oder Bus 157

Deichgraf

Eine typische Altberliner Eckkneipe, gelegen im Roten Wedding, wie der Berliner Arbeiterbezirk in den Jahren der Weimarer Zeit betitelt wurde. Der Biergarten des Deichgrafen bietet heute den Leuten aus dem Kiez genügend Platz und Muße für ein ruhiges Bier. In der Ecke steht allerdings ein hölzerner Preuße mit Pickelhaube, von einem Deichgrafen ist keine Spur zu erkennen.

Geöffnet:
täglich von 9 bis 4 Uhr, Küche bis 2 Uhr
Nordufer 10, 13353 Berlin-Wedding,
Tel. 453 76 13
Verkehrsverbindung:
U9 bis Westhafen oder S1,2
bis Putlitzstraße

Zur letzten Instanz

Sie gilt als eine der ältesten Kneipen in Berlin und soll einmal
Ausschankstätte der Berliner Kindl Brauerei gewesen sein. Gelegen ist die Kneipe, deren Ursprung auf das 17. Jahrhundert zurückgeht, unmittelbar an den letzten noch existierenden Resten
der Berliner Stadtmauer. Damals nannte man die Kneipe noch
Bullenwinkel, von denen es dazumal mehrere in Berlin gegeben
hat. Dort nämlich wurden die Bullen zum Schlachten zusammen-
getrieben, denn unmittelbar an der Stadtmauer, in der Nähe der
»Letzten Instanz«, gab es eine Schlächterei. Erst um 1910 erhielt
die Kneipe den Namen »Biedermeierstübchen am Glockenspiel«,
bezugnehmend auf das Glockenspiel im Turm der gegenüberliegenden Parochialkirche. Nach der Fertigstellung des Gerichtsge-
bäudes in der Littenstraße wurde sie 1924 »Zur letzten Instanz«
getauft. Heinrich Zille und Grete Weiser waren dort Gäste. Man
erzählt sich, daß gar Napoleon I. einst die Kneipe besucht habe...
Der historische Kachelofen mit der in ihm eingelassenen Sitzbank
steht wieder an der alten Stelle, nachdem er durch die Beschädi-
gung im Zweiten Weltkrieg Stück für Stück abgetragen werden
mußte.

Geöffnet:
Montag bis Samstag von 12 bis 1 Uhr,
Sonntag von 12 bis 23 Uhr
Waisenstr. 14–16, 10179 Berlin-Mitte, Tel. 242 55 28
Verkehrsverbindung:
U2 bis Klosterstraße

Das Schönste am Bier ist der Durst!

Restaurant Heinrich

Die Destille.

In diesem Haus in der Sophie-Charlotten-Straße 88 wohnte Heinrich Zille von 1892 bis zu seinem Tode im Jahr 1929. Hier entstanden nicht nur unzählige seiner sozialkritischen Zeichnungen, sondern von hier ging Zille auch los, um zu fotografieren.

Er kannte die Altberliner Kneipen so gut wie kein anderer, seine Stammkneipe wurde die, die seit 1892 in seinem Haus existierte, jedoch nicht.

Eine kleine hölzerne Gedenktafel der Stadt im Zille-Eck und ein paar Zeichnungen sollen die Erinnerung an Pinselheinrich bewahren.

Geöffnet:
Montag bis Freitag von 12 bis 1 Uhr, Samstag und Sonntag von 16 bis 1 Uhr
Sophie-Charlotten-Str. 88, 14059 Berlin-Zehlendorf, Tel. 321 65 17
Verkehrsverbindung:
Bus 110, 115, 118 und 211

Ratskeller Köpenick

Auf dem heutigen Standort des Ratskellers hat sich zu Gründungszeiten von Köpenick das Haus der Bürger befunden. Das Köpenicker Rathaus entstand erst zu Beginn des 20. Jahrhunderts, genauer gesagt von 1901 bis 1904. Als eines der sogenannten sieben Köpenicker Weltwunder lag der Ratskeller nicht wie üblich im Keller, sondern in der ersten Etage, bis er schließlich doch in dem wunderschön restaurierten Kreuzgewölbe seine Heimstatt fand. Am 16. Oktober 1906 ereignete sich die berühmte Köpenickiade, als der als Hauptmann verkleidete Schuster Wilhelm Voigt unter Zuhilfenahme von 10 preußischen Soldaten die Köpenicker Stadtkasse im selbigen Rathaus beschlagnahmte. Ob er flugs auf einen Schluck in den Ratskeller gegangen war, ist nicht überliefert.

Geöffnet:
täglich von 9 bis 1 Uhr
Alt-Köpenick 21, 12555 Berlin-Köpenick, Tel. 657 20 35
Verkehrsverbindung:
Straßenbahn 60,68 oder Bus 168,169

**Als Moses an den Felsen klopfte,
geschah es, daß das Wasser tropfte;
weit größeres Wunder erlebste hier:
Wenn du hier kloppst, erhälste Bier!
(Friedrich von Bodenstedt, 1826 – 1892)**

Köpenicker Ratskeller

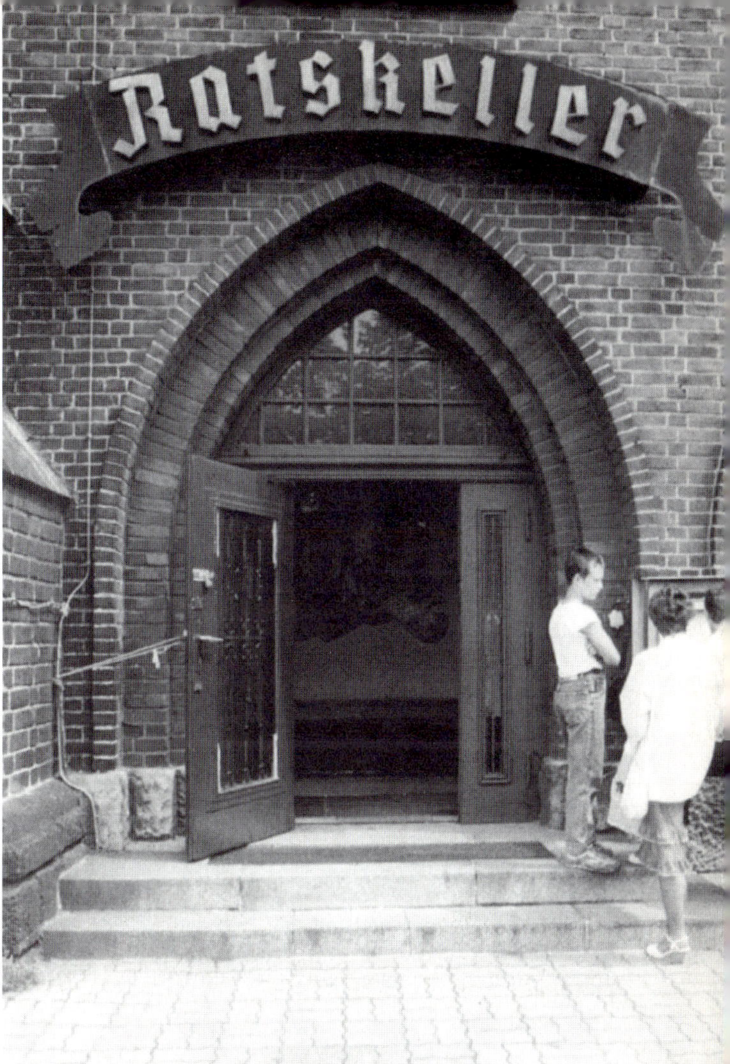
Ratskeller

Raabediele

Die nach dem Dichter Wilhelm Raabe benannte Bierstube befindet sich heute im Ermeler-Haus, hat früher aber in der Sperlingsgasse gelegen. Das Gebäude des Ermeler-Hauses hatte der Berliner Tabakhändler Wilhelm Ermeler 1824 in der Breiten Straße erworben. Nach kriegsbedingten Beschädigungen wurde es Ende der 60er Jahre am Märkischen Ufer wiederaufgebaut. Wie es sich gehört, befindet sich die Raabediele im Kellergeschoß des Hauses.

Geöffnet:
täglich von 11 bis 24 Uhr
Märkisches Ufer 10–12, 10179 Berlin-Mitte, Tel. 275 51 03
Verkehrsverbindung:
U2 bis Märkisches Museum oder Bus 147

Beim Bier gibt's viel tapfere Leut'.

Georgbraeu

Hier, inmitten der Stadt, im Nikolaiviertel, gibt es ein Brauhaus. Seit Oktober 1992 sorgt Berlins jüngster Braumeister (27 Jahre) dafür, daß das hauseigene Georg-Pilsner schmeckt. Sei es als Meter-Bier pur oder zur Spezialität des Hauses, dem Brauhausknüller: Eisbein + Molle + Korn, alles zu 14.90 DM. Samstag und Sonntag kann man sich zum Frühschoppen im Georgbraeu treffen und vielleicht auch mal das Griebenschmalz zu den hausgebackenen Treberbrötchen essen. Zu bestimmten Zeiten, so hört man, soll es gar Bier zum halben Preis geben.

Raabediele im Ermeler-Haus

Geöffnet:
täglich von 10 bis 24 oder auch länger
Spreeufer 4, 10178 Berlin-Mitte, Tel. 242 42 44
oder 242 34 15

Verkehrsverbindung:
U2,8 oder S3,5,6,7,9
bis Alexanderplatz oder
Bus 142,257

Zur alten Münze

Die Häuser um den Alexanderplatz sind im Zweiten Weltkrieg fast alle zerstört worden, sonst nähme sich dieser Platz nicht wie eine realsozialistische Betonwüste aus. Die Memhardtstraße, benannt nach dem Berliner Baumeister Johann Gregor Memhardt (1607–1678), die früher Kleine Alexanderstraße hieß, war im früheren Berlin eine der belebtesten Straßen. Nicht weit von dort beginnt das Scheunenviertel.

Die Altberliner Kneipe präsentiert eine Reihe alter Fotos aus der Umgebung. Schade, daß die Atmosphäre auf den Fotos nicht auch vor den Türen der Kneipe zu finden ist.

Geöffnet:
täglich von 11 bis 24 Uhr
Memhardtstr. 3, 10178 Berlin-Mitte, Tel. 242 59 44
Verkehrsverbindung:
U2,8 oder S3,5,6,7,9 bis Alexanderplatz
oder Bus 100,157

Wo man Bier trinkt, kannst Du ruhig lachen,
Böse Menschen trinken schärf're Sachen.

Ach du holder Gerstensaft –
wie schwächst du meine Glieder:
gestern erst hast du mich geschafft
und heut' versuchst du es wieder.

Zur alten Münze

Es bringt uns vereinigt der Neuzeit Genie,
in einem Laib Brote die ganze Chemie.
Und daß uns nichts fehle,
so bringt es uns schier
die ganze Botanik in einem Glas Bier!

Das Bier, dem Malz und Farb gebricht,
das sauer oder jung ist, trinke nicht.

Gambrinus

Die Linienstraße war einst Zoll- und Stadtgrenze Berlins. Friedrich Wilhelm I., seines Zeichens auch als Soldatenkönig bekannt, ließ an dieser Stelle einen Palisadenzaun errichten, um die Soldaten am Desertieren zu hindern. Daher rührt der Name Linie.

Die Kneipe ist vorwiegend zur Kiez-Kneipe avanciert und bietet preisgünstig ab 11 Uhr ein deftiges Mittagessen an. Das mit Spiegeln verzierte Buffet und Teile der Bestuhlung sollen noch original sein, auf alle Fälle aber die alten Brauerei-Schilder von Schultheiss und Bötzow.

Geöffnet:
Montag bis Freitag von 11 bis 20 Uhr,
Samstag und Sonntag Ruhetag
Linienstr. 133, 10115 Berlin-Mitte,
Tel. 282 60 43
Verkehrsverbindung:
U6 oder Straßenbahn 1, 13, 22, 52 bis
Oranienburger Tor oder Bus 157

Alt Berliner Eck

Das Alt Berliner Eck in der Hasenheide wird seit etwa 1900 als Kneipe betrieben. Um den Hermannplatz gab es früher eine Vielzahl von Altberliner Kneipen. 1929 wurde das Kaufhaus Karstadt erbaut, das zu jener Zeit eines der größten in Europa gewesen sein soll. Unweit verläuft auch die Karl-Marx-Straße, bis auf den heutigen Tag eine preisgünstige Geschäftsstraße.

In der Hasenheide wurde ein Stück Biergeschichte geschrieben. 1855 gründete sich hier die Brauerei Happoldt, von hier traten Bockbierfeste und Saalbauten ihren Siegeszug an. Bockbierfeste zogen so mancherlei Trubel nach sich. Man konnte das Ganze gelassen und eher belustig betrachten: »Überall hüpft und meckert der Bock, überall und überall hallen die langgedehnten vollen Noten der tollen Freude, zuweilen tritt das Presto-Tempo einer ʻKeilereiʼ ein, aber nach kurzer Passage führen die blauröckigen behelmten Männer das Konzert durch gemessene Taktstriche zur besänftigenden Ruhe zurück.« Ein Franzose in Berlin, Luc Gersal, fand derlei Bockbierfeste eher abstoßend; er beschrieb sie folgendermaßen: »Dieses dunkelbraune, mild schmeckende Bier hat unvergleichlich berauschende Eigenschaften. Ich weiß nicht, ob es seinen Namen daher führt, daß es uns umwirft wie ein Bock oder vielmehr deswegen, daß es uns ebenso ungeberdig macht wie dieses Thier. Jedenfalls machen sich, wenn die Zeit gekommen ist, lange Reihen von Wallfahrern auf den Weg, um... sich in dem riesigen, mit zwei Orchestern versehenen Saale niederzulassen. Sie essen, trinken und rauchen, und abends beim Lampenschein sind sie so berauscht, daß sie unter dem Tische liegen, überwältigt von jener rohen, lärmenden nur dem Bock eigenen Trunkenheit. Es ist ein widriges Schauspiel, aber man muß es gesehen haben.«

Das Alt Berliner Eck ist eine Kiezkneipe, Holzverkleidung, Bestuhlung und das Rückbuffet stammen aus den zwanziger Jahren.

Geöffnet:
Montag bis Samstag von 8 bis 23 Uhr,
an Sonn- und Feiertagen geschlossen
Hasenheide 117, 10967 Berlin-Neukölln, Tel. 622 65 00
Verkehrsverbindung:
U7,8 bis Hermannplatz oder Bus 129,141,144

**Je böser das Weib,
je schöner die Kneip.**

Zum Paddenwirt

Der Legende nach soll einst am Spreeufer eine Kneipe existiert haben, deren Belieferung zu Wasser erfolgte. Eines Tages geschah es, daß dem Wirt zwei Bierfässer zerschellten und das gute Gebräu in die Spree floß. Daran labten sich nun die Frösche und Kröten, die ein fürchterliches Gequake begannen. In den folgenden Tagen und Wochen schien es, als sammelten sich weitere Frösche und Kröten, um auf eine erneute Ladung Bier zu warten. Und da in Berlin zu Fröschen auch Padden gesagt wird, erhielt der Wirt den Namen: Paddenwirt.

Seit 1986 existiert diese Kneipe im Berliner Nikolaiviertel, und neben Bier gibt es deftige Berliner Küche wie Topfwurst und Eisbein mit Sauerkraut.

Geöffnet:
täglich 11 bis 24 Uhr
Nikolaikirchplatz 6, 10178 Berlin-Mitte, Tel. 242 63 82
Verkehrsverbindung:
U2,8 oder S3,5,6,7,9 bis Alexanderplatz
oder Bus 142,257

Brauhaus Joh. Albrecht im »Alten Fritz«

Diese historische Kneipe gilt als eine der ältesten noch bestehenden in Berlin. 1410 wurde sie als »Neuer Krug« erstmals erwähnt. Damals soll sich dort eine Pferdewechselstation befunden und Kronprinz Friedrich sich hier einige Stunden aufgehalten haben. Aber auch die Brüder Humboldt hatten offensichtlich Kenntnis von dieser Restauration, ebenso Geheimrat Goethe.

Seit Oktober 1992 nun steht hier das Brauhaus Joh. Albrecht, ebenso wie zuvor schon in Oslo, Düsseldorf, Regensburg und Hamburg. Das Restaurant bietet bis zu 250 Plätze, dazu kommen bei schönem Wetter etwa 100 Plätze auf dem Innenhof (mit Bedienung) und 400 Plätze im Biergarten (nur Selbstbedienung). Ausgeschenkt wird untergäriges Bier, je nach Saison gibt's Bock und auch Weizenbier, und das ganze Jahr über Bier zum Mitnehmen ins traute Heim.

Geöffnet:
Sonntag bis Donnerstag von 11 bis 1 Uhr,
Freitag und Sonnabend von 11 bis 3 Uhr
Karolinenstr. 12, 13507 Berlin-Zehlendorf,
Tel. 433 50 10
Verkehrsverbindung:
S1 bis Zehlendorf oder Bus 101,117

Schwerter zu Zapfhähnen!

**Die schönste Blume, ich sage es dir,
ist die auf dem Glase Bier.**

Es trinkt der Mensch,
es säuft das Pferd,
manchmal ist es umgekehrt.

Das Bier schmeckt gern nach dem Faß.

Saufst, dann sterbst;
saufst nett, sterbst auch.
Also sauf!

Im Alten Fritz

JOH. ALBRECHT'S NATURBELASSENE BIERE

B·R·A·U·H·A·U·S JOH. ALBRECHT

GETREU DEM DEUTSCHEN REINHEITSGEBOT VON 1516

UND SO HANDWERKLICH BRAUEN WIR UNSER BIER:

Sorgfältig ausgewählte Gerste aus den besten Anbaugebieten muß nach gründlicher Reinigung eine Woche lang keimen, um dann durch schonende Röstung zu caramelig-schmeckendem Malz zu werden.

IM B·R·A·U·H·A·U·S JOH. ALBRECHT angelangt, wird das volle Korn zu Schrot vermahlen.

In den kupfernen BRAUKESSELN ("Läuterbottich" und "Sudpfanne" genannt) löst der Brauer den Malzzucker mit warmem Wasser behutsam aus dem Korn, so daß die süße "Maische" entsteht.

Sobald die gesamte Maische im LAUTERBOTTICH zur Ruhe gekommen ist, bilden die

BLICK IN DAS BRAUHAUS

MALZ — SUDPFANNE — HOPFEN — LAUTER BOTTICH — TREBER — WÜRZE — HEISSE WÜRZE — KÜHLER

KUPFER ...unser malzig-mildes Dunkles.

MESSING ...unser hopfig-herbes Helles.

frisch gezapft
0,2 ltr. 2,70   0,4 ltr. 5,20
oder zum Mitnehmen im:

GLAS SIPHON ...leer

Bier ist ein Lebenselexier,
das merke Dir –
darum trinke in Maßen,
genieße mit Wonne und Lust,
was Kunst und Gesundheit verschafft.

Bötzow

Diese Kneipe ist nachweislich seit der Jahrhundertwende in Familienbesitz. Als frühere Weißbierstube prägt die Innenausstattung aus dem Jahre 1890 mit dem original handgearbeiteten Rückseitenbuffet das Ambiente. Bötzow ist eine Kiez-Kneipe, wie man sie sich besser nicht wünschen kann, weshalb Touristen wohl weniger hierherfinden – zumal die Anzahl der Kneipen auf der in der Nähe liegenden Oranienburger Straße nach wie vor zunimmt. Alte Weißbierflaschen aus Ton schmücken das Buffet, das im übrigen einen typischen Berliner Imbiß feilbietet.

Vor 1900 soll im Bötzow auch Wein ausgeschenkt worden sein. Der Name allerdings erinnert an die gleichnamige Berliner Brauerei.

Geöffnet:
Montag bis Freitag von 11 bis 24 Uhr,
Samstag von 11 bis 22 Uhr und Sonntag von 15 bis 22 Uhr
Tucholskystr. 47, 10117 Berlin-Mitte, Tel. 282 60 37
Verkehrsverbindung:
S1,2 bis Oranienburger Straße, Straßenbahn
1,13 oder Bus 157

Kiez-Kneipe »Bötzow«

Restauration 1900

Schon die Lage der Kneipe am Kollwitz-Platz vermittelt Altberliner Atmosphäre. Und die umfangreiche Rekonstruktion der Husemann-Straße, einst Prestige-Objekt der DDR-Regierung, hat Positives geleistet. Die Restauration entstand – wie es der Name schon andeutet – im Stil der Jahrhundertwende, Reklameschilder aus Emaille, Stehtische sowie Holzstühle passen sich dem an. Das Rückbuffet ist original aus dem Jahre 1900.

Geöffnet:
täglich von 12 bis 2 Uhr
Husemannstr. 1, 10435 Berlin-Prenzlauer Berg,
Tel. 449 40 52
Verkehrsverbindung:
U2 bis Senefelder Platz oder
Straßenbahn 13,20,21

Großbeerenkeller

Die Straße, bebaut erst in der zweiten Hälfte des vorigen Jahrhunderts, verdankt ihren Namen dem Dorf Großbeeren bei Berlin. Dort kam es 1813 zur Schlacht zwischen dem Korps Bülow der verbündeten Nordarmee und Teilen der französischen Berlin-Armee. Die Niederlage der Franzosen verhinderte eine erneute französische Besetzung Berlins. An die Schlacht bei Großbeeren erinnern heute noch ein Aussichtsturm und das Siegesdenkmal, ein gußeiserner Obelisk auf dem Friedhof, übrigens ein Schinkel-Entwurf.

Die Altberliner-Kellerbudike wurde um 1880 eröffnet. Die Gegend um die Großbeerenstraße war vornehm: Offiziere, Beamte und Diplomaten wohnten hier. Schon früher waren Schauspieler und andere Prominente zu Gast, und auch heute noch kommen sie zum Großbeerenkeller, und sei's, um die reichhaltige Berliner Küche zu genießen.

Angeschlossen ist dem Großbeerenkeller eine Hotelpension im alten Berliner Mietshausmilieu.

Geöffnet:
Montag bis Freitag von 16 bis 2 Uhr,
Samstag von 18 bis 2 Uhr, Sonn- und Feiertag Ruhetag
Großbeerenstr. 90, 10963 Berlin-Kreuzberg,
Tel. 251 30 64
Verkehrsverbindung:
U1,7 bis Möckernbrücke,
U6 bis Mehringdamm oder Bus 247,119

Auch gutes Bier macht böse Köpfe.

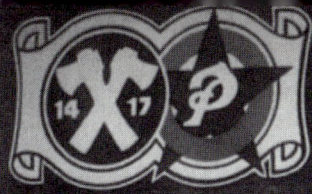

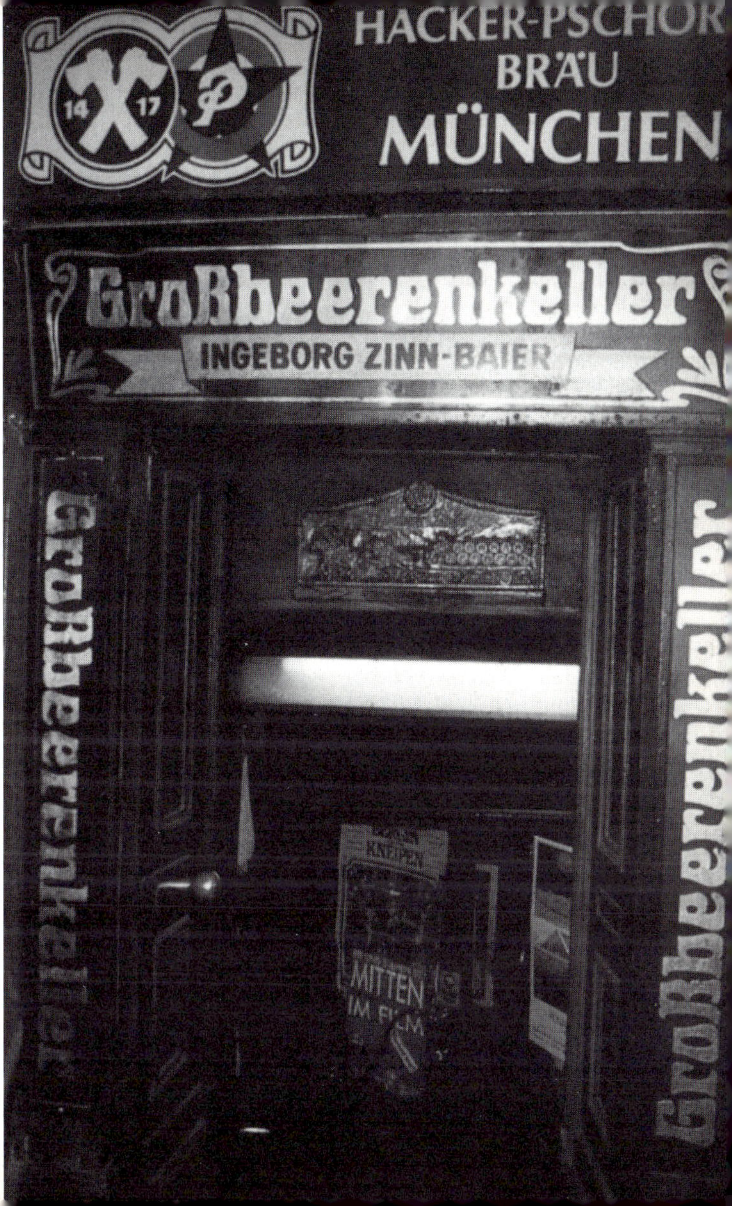
HACKER-PSCHOR
BRÄU
MÜNCHEN
14
17
Großbeerenkeller
INGEBORG ZINN-BAIER
Großbeerenkeller
Großbeerenkeller
KNEIPEN
MITTEN

Weißbierstube im Berlin-Museum

Seit 1968 ist die Weißbierstube im Gebäude des ehemaligen Kammergerichts beheimatet und fast schon zur Legende geworden. Der preußische König Friedrich Wilhelm I. hatte in der Berliner Lindenstraße den Bau eines Kollegienhauses veranlaßt, um Justiz- und Verwaltungsbehörden, bislang im Schloß ansässig, dort unterzubringen. Das Haus wurde im Zweiten Weltkrieg stark zerstört.

Im Erdgeschoß des Berlin-Museums befindet sich die Weißbierstube, deren Mobiliar aus dem Jahre 1900 stammt.

Geöffnet:
Dienstag bis Freitag von 11 bis 18 Uhr,
Samstag und Sonntag von 11 bis 16 Uhr, Montag ist Ruhetag,
weil Schließtag des Museums.
Lindenstr. 14/15, 10969 Berlin-Kreuzberg, Tel. 24 31 3240
Verkehrsverbindung:
U6 bis Kochstraße oder Bus 129,141

Es gibt der edle Gerstensaft
Sogar Pantoffelhelden Kraft.
Hab' einen Pfennig lieb' wie vier,
Fehlt`s Dir an Wein, so trinke Bier.

Wer Bier verfälscht und Weine tauft,
ist wert, daß er sie selber sauft.

Weißbierstube im Berlin-Museum

Leydicke

Die Tradition dieser Altberliner Kneipe geht auf die Berliner Probierstuben zurück. 1877 wurde durch die Gebrüder Leydicke die Herstellung von Branntwein und Likör in einer kleinen Fabrik aufgenommen, die heute noch in Betrieb ist. Aus Ostpommern kommend, eröffneten die Leydickes zuerst einen Außer-Haus-Verkauf. Um 1920 wurde die Probierstube in ihrer heutigen Form eingerichtet. Tische und Stühle vermitteln eine gemütliche Kneipenatmosphäre, fast wie in den 20er Jahren unseres Jahrhunderts. Aus jener Zeit jedenfalls stammt der Zigarettenautomat mit seinen Kurbeln und Geldschlitzen.

Die Schnapsorgel, an der 24 Schnapssorten gezapft werden können, verleitet gleich zum Mitnehmen von nachfüllbaren Flaschen. Hier wird noch nach alten Geheimrezepten destilliert und gekeltert.

Geöffnet:
täglich, außer Heiligabend von 16 bis 24 Uhr
Mansteinstr. 4, 10783 Berlin-Kreuzberg, Tel. 216 29 73
Verkehrsverbindung:
U7, S1 bis Yorckstraße oder Bus 119

**Trinken und Liebe
sind edle Triebe.**

**Auf Erden bist Du nur ein Gast,
bedenke, daß Du einst mußt wandern,
was Du bis dahin nicht getrunken hast,
das trinken dann die Andern.**

Alt-Berliner Destille Leydicke

Hardtke

Hier gibt's eine der letzten Kneipen in Berlin, die über eine eigene Hausschlachterei und Wurstmacherei verfügen – im alten Berlin war dies keine Seltenheit. Die Doppel-Kneipe wurde im Jahr 1952 eröffnet. Ein Gang verbindet die eine Kneipe mit der anderen, vorbei an einem Separé, das gut für Feiern in kleinerer Gesellschaft geeignet ist. Vermietet werden aber auch Räume für größere Veranstaltungen, für Tagungen oder Seminare.

Geöffnet:
täglich von 10 bis 24 Uhr
Meineckestr. 27a/27b, 10719 Berlin-Tiergarten,
Tel. 881 98 27
Verkehrsverbindung:
U1,3 bis Uhlandstraße, Bus 109,119,129,219

**Es ist des Bieres Gunst und Lust,
daß Du beim Trinken oft singen mußt,
tue es mit gutem Herzen und guten Sitten!**

Olive

Das Restaurant wird als heimliche Sehenswürdigkeit der Stadt gehandelt. Vielleicht wegen der imperialen Gemütlichkeit, die der Olive zugesprochen wird. Dafür sorgt schon ein Foto von Kaiser Wilhelm II. mit persönlicher Widmung. Hier nämlich soll der Kaiser seine erste Bekanntschaft mit der Oliven-Frucht gemacht haben.

Die Kneipe wurde 1882 als Speiselokal in Nähe der Schloßbrücke eröffnet. Vor 1900 waren Oliven in Berlin eine kulinarische Kostbarkeit, daher rührt wohl der Name.

Ein Ereignis mögen auch die originalen Theaterzettel aus der Druckerei von Ernst Litfaß sein; sie verweisen auf die bedeutende Musik- und Theatergeschichte der Hauptstadt. Darunter befindet sich auch ein Theaterzettel des Königlichen Schauspiels über die Uraufführung der »Hugenotten« von Giacomo Meyerbeer im Oktober 1848 in Berlin.

Geöffnet:
täglich von 11.30 bis 1 Uhr
Tegeler Weg 97, 10589 Berlin-Charlottenburg,
Tel. 344 33 96
Verkehrsverbindung:
U7 bis Mierendorffplatz oder Bus 109

*Heimliche Sehenswürdigkeit,
Restaurant »Olive«*

Zum Maulbeerbaum

1753 ordnete Friedrich II. die Gründung von Friedrichshagen an. Links und rechts der Dorfstraße, der heutigen Bölschestraße, wurden in Erwartung einer gewinnbringenden Seidenproduktion Maulbeerbäume angepflanzt, die sehr bald eingingen.

Der »Maulbeerbaum« existiert bereits seit Ende des 19. Jahrhunderts. Zu jener Zeit wurde der Berliner Vorort durch den Friedrichshagener Dichterkreis um Wilhelm Bölsche, Gerhard Hauptmann und Erich Mühsam berühmt.

Im Innern finden sich Ölbilder und Plastiken von Friedrich II., auch alte Werbung für Bier und Tabak ziert die Räume. Am Rückbuffet mit der alten Zapfsäule wird natürlich Berliner Bürgerbräu aus Friedrichshagen gezapft.

Seit Mai 1993 ist im »Maulbeerbaum« jeden Donnerstag »Hummer-Abend«. Frisch angeliefert, kann sich jeder Gast seinen Hummer im Schwimmbecken auswählen, eher dieser dann zum Backen vorbereitet wird. Vorbestellungen für diesen Abend werden erbeten.

Geöffnet:
täglich ab 12 Uhr, für Familienfeiern auch früher
Bölschestr. 121, 12587 Berlin-Friedrichshagen,
Tel. 645 81 30
Verkehrsverbindung:
Straßenbahn 60, 61

Bier und Brot macht Wangen roth.

Zum Nußbaum

Den »Nußbaum« gab es einst in der Fischerstraße 21. Doch die existiert mittlerweile nicht mehr. In den 60er Jahren wurde sie, im Zweiten Weltkrieg stark beschädigt, abgerissen. Und mit ihr auch der »Gasthof Zum Nußbaum«, der seit 1507 dort zu finden gewesen war.

Heinrich Zille war hier Stammgast, sozusagen unter »seinen einfachen Leuten«: kleine Diebe, Zuhälter und Dirnen. Auch Claire Waldoff, die »Berliner Göre« aus dem Ruhrgebiet, war oft im Nußbaum zugange und verewigte die Kneipe in einem ihrer Couplets:

Im Nußbaum links vom Molenmarcht,
Da hab`m ick manche Nacht verschnarcht,
Da malt der Vater Zille!
Der Kellner hat`s Delirium,
Die Wirtin latscht ins Hemde rum,
Die Jäste – die sind knille!

Der Nußbaum von heute ist eine originalgetreue Wiederherstellung dessen aus der Fischersraße, zumindest was das Äußere betrifft. Die Keipe entstand anläßlich der Wiederherstellung des Nikolaiviertels zum 750jährigen Bestehen der Stadt Berlin.

Deftige Küche und – wie in den 20er jahren – Berliner Kindl sind zu haben, im Sommer auch im kleinen Biergarten, wo für Eilige zwei Stehtische zum schnellen Bierchen einladen.

Geöffnet:
täglich 11.30 bis 2 Uhr, Küche bis 24 Uhr
Am Nußbaum 3, 10178 Berlin, Tel. 854 50 20
Verkehrsverbindung:
U 2,8 oder S 3,5,7,9 bis Alexanderplatz oder
Bus 142,157

Starkes Bier und schwache Köpfe
passen nicht zusammen.

Ist das Bier im Manne,
ist der Verstand in der Kanne.

S. 180/181 Die wiederhergestellte Kneipe, jetzt im Nikolaiviertel

Trocken gekaut,
schwer verdaut.

Gut Bier ist besser
als schlechter Wein.

Wenn das Bier
eingeht,
geht der Mund auf.

Schaum im Glas,
Glut im Herzen.

Guter Dinge gibt es vier:
Liebchen, Karten, Sang und Bier.

Im Bierkrug liegt
viel Betrug.

Verdursten ist der
schlimmste Tod.

Aus dem schlechtesten Bier
entsteht der gesundeste
Kater.

In Gemeinheit oft versunken,
liegt der Tor, vom Rausch bemeistert;
wenn er trinkt, wird er betrunken;
trinken wir – sind wir begeistert.
(Friedrich von Bodenstedt, 1826 – 1892)

Eine schöne Wirtin
verkauft auch saures Bier.

Endet erst mein Lebenslauf,
hört mit mir mein Durst
auch auf.

Literaturverzeichnis
(Auswahl)

Bericht über die Einigungs-Versuche in Angelegenheiten des
Berliner Bierboykottes 1894, Berlin 1894

Berliner Kindl. 100 Jahre groß, 1972

Bernhagen, Wolfgang: Bier- und Kaffeegärten sowie
Schnellgastronomie im Alten Berlin, Berlin 1987

Beyer, Horst u. Annelies: Sprichwörterlexikon, Leipzig 1984

Bier. Welt-Report vom November 1987

Das deutsche Bier. Bildatlas Spezial, Hamburg 1984

Ehlert, Hans: 1871–1921 Schultheiss-Patzenhofer.
Ein Rückblick, Berlin 1921

Giesing, Ignaz: Kleine Bettlektüre für Freunde und Kenner eines
gepflegten Bieres, Wien

Glatzer, Ruth (Hrsg.): Berliner Leben 1870–1900. Erinnerungen
und Berichte, Berlin 1963

Groschopp, Horst: Zwischen Bierabend und Bildungsverein,
Berlin 1985

Haber, Siegmund: Berlin bei Nacht. Kaiserstädtische Kneip-
studien, Leipzig 1888

Hayduck, F. (Hrsg.): Jahrbuch der Versuchs- und Lehranstalt für
Brauerei in Berlin, Berlin 1933

Hildebrandt, Werner; Lemburg, Peter; Wewel, Jörg: Historische
Bauwerke der Berliner Industrie, Berlin 1988

Homberg, Bodo: Rundgesang und Gerstensaft. Gereimtes und
Ungereimtes über das Bier, Berlin 1988

IBV-Zentrale Duisburg (Hrsg.): Historisches Verzeichnis der
Berliner Brauereien und Braustätten seit der Jahrhundertwende,
Duisburg 1921

Ilgenstein, Eberhard: Das überschäumende Sprüchefäßchen,
Jena 1988

Kulturatlas Berlin-Mitte/ Prenzlauer Berg, Berlin 1990

Kroker, Ernst: Katharina von Bora. Martin Luthers Frau. Ein
Lebens- und Charakterbild, Zwickau 1939

Lange, Annemarie: Berlin zur Zeit Bebels und Bismarcks. Zwischen Reichsgründung und Jahrhundertwende, Berlin 1984

Müller, Dirk: Die Kronenbrauerei Moabit; in: Berlin von der Resi-
denzstadt zur Industriemetropole, Berlin 1981

Nast, Leo: Die Berliner Brauindustrie, Berlin 1916

Otto, Uwe; Jörg, Wolfgang; Schönig, Erich (Hrsg.): Der Berliner Bierboykott von 1894. Ein Beitrag zur Geschichte der sozialen Klassenkämpfe. Sonderdruck der Berliner Handpresse. Mit einem Vorwort von Dietrich Stobbe, Berlin 1979

Patzenhofer-Brauerei (Hrsg.): Den Freunden unseres Bieres gewidmet am Tage unseres 25jährigen Jubiläums, Berlin 1896

Plöse, Wilhelm: Die Brauereigeschichte Spandaus. Nachdruck von 1954, Berlin 1989

Schönknecht, Eberhard: Vom Dorfkrug zum Prälaten. Eine Kulturgeschichte Schöneberger Gaststätten 1375–1987, Berlin 1987

Schubert, Käte (Hrsg.): Heiteres und Bissiges von Marx und Engels

Schultheiss-Brauerei Aktiengesellschaft, Berlin 1957

Die Schultheiss-Brauerei in Vergangenheit und Gegenwart, Berlin 1910

Schulze-Beese, H.: Aus der Geschichte des Berliner Brauwesens und seiner Braumeister, Berlin 1927

Schweinitz, Bolko (Hrsg.): Gaudeamus Igitur. Historische Studentenlieder, Leipzig 1986

Stolt, Fritz: Geschichte des Vereins der Berliner Gastwirte, gegründet 9. Februar 1866, Berlin 1912

Stresemann, Gustav: Die Entwicklung des Berliner Flaschenbiergeschäfts, Berlin 1902

Thiel, Paul: Lokal-Termin in Alt-Berlin. Ein Streifzug durch Kneipen, Kaffeehäuser und Gartenrestaurants, Berlin 1987

Thoms, Harald: Kneipen. Der andere Berlin-Führer, Berlin 1990

Uhlmann, Wulf-Jürgen (Hrsg.): Bier und Gesundheit, Heidelberg 1970

Ulischberger, Emil: Rund ums Bier, Leipzig 1977

75 Jahre Versuchs- und Lehranstalt für Brauerei, Berlin 1958

Vertrag der Berliner Brauereien über den Verkauf von Bier und die Regelung sonstiger wirtschaftlicher Verhältnisse vom 15. Oktober 1924, Berlin 1924

Vertrag der Berliner und Potsdamer Brauereien über den Verkauf untergärigen Bieres in Flaschen, Berlin 1912

Weihenstephan. Ein Beitrag zur Geschichte des Bieres, Freising

Zehnter Deutscher Brauertag in Frankfurt am Main, 1904

Register

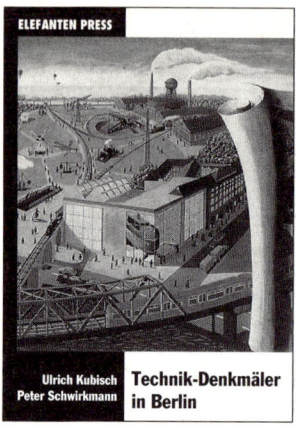

HEISS UND KALT

Die Jahre 1945–1969
664 Seiten, über 500 Abb.,
Format 21 x 28 cm, Broschur,
DM 58,-

Dieser Sampler enthält die inzwischen vergriffenen
BilderLeseBücher

TRÜMMER TRÄUME TRUMANN
(Die Welt 1945–49),
BIKINI – KALTER KRIEG UND CAPRI-
SONNE (Die fünfziger Jahre. Politik,
Alltag, Opposition) und
CHE SCHAH SHIT (Die sechziger
Jahre zwischen Cocktail und
Molotow).

Ein Vierteljahrhundert in Wort und
Bild.

»Ein, zugegeben, bunter Cocktail für
den schnellen Überblick. Aber auch
eine interessante Geisterversamm-
lung für den interessierten Kunst-
historiker.« Hessischer Rundfunk

Lorbeer/Wild (Hrsg.)
Menschenfresser Negerküsse
Das Bild vom Fremden im
deutschen Alltag
176 Seiten mit 120 Fotos
und Faksimiles,
Format 21 x 28 cm, Broschur,
DM 29,90

»...ist das Thema des
abwechslungsreich gestalteten und
zum Schmökern animierenden
Lesebuches. Auch aufgeklärte
Zeitgenossen haben viele Stereotype
verinnerlicht, so daß diese Lektüre
jeden zur Selbstreflexion anregen
kann.« Einkaufszentrale für
öffentliche Bibliotheken

Peter Ward
KITSCH AS KITSCH CAN
Ein Konsumführer für den
schlechten Geschmack
128 Seiten, 150 Abbildungen,
davon 80 in Farbe, Hardcover,
Großformat, DM 49,90

»...stellt nicht nur die Stilsünden
von Kunst und Design zur Schau,
sondern auch die des Kinos, der
Popmusik, der Mode und des TV.
Gut geschrieben und ironisch
demonstriert Ward, wie wundervoll
die Lust an der ästhetischen
Regression sein kann und was für
beträchtliche subversive Energien
sich in ihr verbergen.« ART

Anne Birk
Zumutungen
Frauen und ein Paragraph.
Literarische Protokolle.
128 Seiten, Broschur,
DM 19,90

Zehn ganz verschiedene Frauen
und Mädchen, die eins verbindet:
Sie sind alle ungewollt schwanger
und sehen sich mit der Zumutung
konfrontiert, erklären zu sollen,
warum sie abtreiben wollen oder
müssen. Im Anhang eine
Dokumentation zur Praxis und
Rechtslage des § 218.

ELEFANTEN PRESS Bücher in Ihrer Buchhandlung. Wenn nicht vorrätig, besorgt sie Ihnen die gewünschten Bücher meist innerhalb von 24 Stunden.

Freitag

Die Ost-West-Wochenzeitung

Wenn Sie diese Postkarte mit Ihrem Namen und Ihrer Anschrift (bitte lesbar) versehen und Zutreffendes ankreuzen, passiert folgendes:

Sie erhalten:

☐ 3 Wochen den aktuellen **Freitag** kostenlos

☐ den ELEFANTEN EXPRESS

☐ den ELEFANTEN Kinder EXPRESS

Alles umsonst und ohne Kleingedrucktes!

Diese Karte habe ich dem Buch _____

entnommen. Mein Urteil: _____

Name _____ Vorname _____

Straße _____

PLZ _____ Ort _____

Antwort-Postkarte

ELEFANTEN PRESS

Postfach 66
12414 Berlin

Bitte freimachen